ヤマ場を
おさえる

単元設計と
評価課題・評価問題

中学校
社会

全体編集
石井英真

教科編集
高木　優

図書文化

まえがき

　資質・能力ベースの新学習指導要領に沿って学習評価のあり方も新たに提起され，教育現場では，3観点による観点別学習状況の評価への対応が課題となっています。そして，「主体的に学習に取り組む態度」の評価をどうするかに注目が集まっています。しかし，今回の学習評価改革の焦点を主体性評価に見いだすのは改革の読み方として一面的で，その捉え方では評価をめぐるさまざまな困難が解決されず，むしろ行き詰まってしまうでしょう。観点別評価の本丸は「思考・判断・表現」の充実です。まずそこにフォーカスすることによって，困り感のある主体性評価についてもより妥当な運用の仕方が見えてきます。

　こうした考えの下，本シリーズは，中学校を対象に，国語，社会，数学，理科，英語について，国立教育政策研究所教育課程研究センター作成『「指導と評価の一体化」のための学習評価に関する参考資料』に基づき，単元ごとの評価プランを掲載するものです。そして，「生きて働く学力の形成」と「学校の働き方改革」を両立して充実させるために，どのように評価場面を精選（焦点化・重点化）し，どのような評価課題・評価問題を作成し活用するかを，単元（学習指導要領の「内容のまとまり」）ごとに具体的に提案するものです（国語と英語は言語領域ごとに収録）。

　本シリーズは，図書文化社が学習指導要領の改訂ごとに出版してきた『観点別学習状況の評価基準表』『観点別学習状況の評価規準と判定基準』『観点別評価実践事例集』『観点別評価問題集』の理念を引き継ぎ，新時代の観点別評価の参考資料をめざして企画しました。各巻では，「思考・判断・表現」を中心に，単元ごとに，著者が重要と考える2場面（一つは総括的評価の場面）を抜き出し，評価規準に対応する生徒の学習状況や作品例（B・Aの判定のポイント）を評価事例として掲載し，評価課題・評価問題の工夫とその効果的な位置づけ方を示しています。

　各巻の執筆者は，現在，そして次世代の教育実践を担う力量のある先生方です。またシリーズで大きな方向性を共有しつつ，各巻それぞれに，教科の特性のみならず，教科編集の先生方の問題意識や工夫も大事にしています。評価課題・評価問題の作成や単元設計の改善へのアプローチという視点で，ご自身の専門以外の教科も読まれると，新たな着想が得られると思います。本書が読者諸氏にとって評価の焦点化・重点化の参考資料として，単元という単位でシンプルかつ効果的な評価をデザインする思考法を学び，目の前の生徒たちに即して実践を創る手がかりとなるなら望外の喜びです。

2022年12月24日

石 井 英 真

ヤマ場をおさえる単元設計と評価課題・評価問題

第3章 地理的分野の評価プラン

第4章 歴史的分野の評価プラン

第5章 公民的分野の評価プラン

単元ごとの評価プラン　3つの特徴

特徴1　一つの単元を6ページで解説。3分野の全単元をナビゲート！

○　第3章からは，観点別学習状況の評価の展開例として，地理的分野（第3章），歴史的分野（第4章），公民的分野（第5章）について，それぞれ単元ごとの評価プラン（単元の指導と評価の計画，評価規準と評価課題，評価事例）を紹介します。本書では「内容のまとまり」を単元の単位として，一つの単元につき6ページで紙面を構成し，中学校社会のすべての単元を取り上げました（下図参照）。

○　評価の観点は，平成31年3月29日に示された『児童生徒の学習評価及び指導要録の改善等について（通知)』に準じました。なお評価の観点の略記を，それぞれ「知識・技能 → 知」「思考・判断・表現 → 思」「主体的に学習に取り組む態度 → 主」としました。

図. 各単元6ページの構成イメージ（例：歴史的分野「中世の日本」）

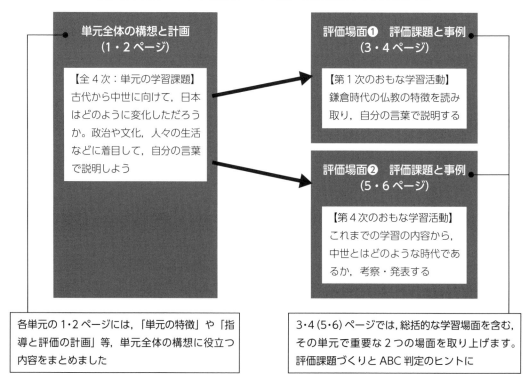

単元全体の構想と計画
（1・2ページ）

【全4次：単元の学習課題】
古代から中世に向けて，日本はどのように変化しただろうか。政治や文化，人々の生活などに着目して，自分の言葉で説明しよう

評価場面❶　評価課題と事例
（3・4ページ）

【第1次のおもな学習活動】
鎌倉時代の仏教の特徴を読み取り，自分の言葉で説明する

評価場面❷　評価課題と事例
（5・6ページ）

【第4次のおもな学習活動】
これまでの学習の内容から，中世とはどのような時代であるか，考察・発表する

各単元の1・2ページには，「単元の特徴」や「指導と評価の計画」等，単元全体の構想に役立つ内容をまとめました

3・4（5・6）ページでは，総括的な学習場面を含む，その単元で重要な2つの場面を取り上げます。評価課題づくりとABC判定のヒントに

特徴 2 　評価事例（B基準）に対する「A評価」「判断の理由」を例示！

○　単元ごと活動ごとの評価規準は，国立教育政策研究所教育課程研究センター『「指導と評価の一体化」のための学習評価に関する参考資料』を参考にしました。

○　評価の対象となる生徒の姿（評価課題に対する生徒の発表例やノート・ワークシートの記述例等）は，B評価だけではなく，A評価も例示しました。別の単元や評価方法においても参照しやすいように，それぞれに対する評価（判断）の理由も解説しました。

○　実際の紙面では「Cの学習状況に対する指導・支援の手だて」も掲載しています。評価を行った後，どのように次の指導に生かせばよいかがわかります。

評価規準（主体的に学習に取り組む態度，第4次）	
「中世とは何か」について，学習内容を踏まえて自分の言葉で表現しようとしている。	
Bと評価する例	**Aと評価する例**
武士は自分の荘園を守るために主君と契約したり，裁判などで自分の意見を主張しなければならなかった。民衆は，支配者の保護が十分に望めないなかで，信仰に頼ったり，団結して自治を行ったりした。	中世とは「自力救済の時代」だと思う。武士は自分の荘園を守るために主君と契約したり，裁判などで自分の意見を主張しなければならなかった。民衆は，支配者の保護が十分に望めないなかで，信仰に頼ったり，団結したりした。「自治」のキーワードが示すように，武士であれ民衆であれ，自分の生活の保障は自分ですることが，中世の大きな特徴だと思う。
評価（判断）の理由	
中世の特徴が複数の観点から適切に述べられていれば，B評価とする。表現しようとする姿勢そのものが評価の対象となるので，完全に適切な理解ではなかったとしてもおおむねできていると評価する。さらに，いくつかの観点を総括して，中世全体の特徴について古代からの社会の変化や，人々が生き残りをかけて団結したりする様子など，ある程度適切な言及がなされていればA評価とする。	

特徴 3 　単元の要所（ヤマ場）と，単元で成長する生徒の姿が見えてくる！

○　読者がヤマ場をおさえる単元の指導と評価の計画と評価課題を考えるヒントとして，「単元の学習課題」を例示し，各単元の学習内容や展開に応じて「評価のポイントとなる2場面と指導の手だて」「おもな学習活動と授業づくりのポイント」を解説しました。

○　中学校社会の授業の経験が少ない先生にも，単元を通した生徒の成長の姿がイメージしやすいように，単元ごとの冒頭に「学習前の生徒の状態と先生の願い」を例示しました。

7

本書の用語表記について（凡例）

答　申

>> 幼稚園，小学校，中学校，高等学校及び特別支援学校の学習指導要領等の改善及び必要な方策等について（答申）（中教審第197号）（平成28年12月21日，中央教育審議会）

http://www.mext.go.jp/b_menu/shingi/chukyo/chukyo0/toushin/1380731.htm

報　告

>> 児童生徒の学習評価の在り方について（報告）（平成31年1月21日，中央教育審議会初等中等教育分科会教育課程部会）

http://www.mext.go.jp/b_menu/shingi/chukyo/chukyo3/004/gaiyou/1412933.htm

通　知

>> 小学校，中学校，高等学校及び特別支援学校等における児童生徒の学習評価及び指導要録の改善等について（通知）（30文科初第1845号）（平成31年3月29日，文部科学省初等中等教育局）

http://www.mext.go.jp/b_menu/hakusho/nc/1415169.htm

新学習指導要領

>> 平成29・30・31年改訂学習指導要領（本文，解説）

http://www.mext.go.jp/a_menu/shotou/new-cs/1384661.htm

参考資料

>>「指導と評価の一体化」のための学習評価に関する参考資料（国立教育政策研究所教育課程研究センター）

https://www.nier.go.jp/kaihatsu/shidousiryou.html

第 1 章

今求められる学力と
学習評価のあり方

■ 新しい学習指導要領がめざす学力と評価改善

■ 新3観点で何を測り，育てるのか

■ 単元設計と評価課題・評価問題の一体的な改善へ

1 新しい学習指導要領がめざす学力と評価改善

観点別評価の本丸は「思考・判断・表現」の充実

　観点別評価の本丸は「主体的に学習に取り組む態度」ではなく,「思考・判断・表現」です。主体性の育成は重要ですが,それは「思考・判断・表現」を試すような課題への取り組みにおいて自ずと育まれ表出されるものでしょう。近年,自分で内容をかみ砕いたり関連づけたりすることなく,すぐにやり方を求める傾向が生徒たちのなかで強まっていないでしょうか。授業中静かに座ってはいるが「この時間で何を学んだのか」と聞かれても答えられず,授業を受けているだけで内容が積みあがっていかない。そうした学び取る力の弱さゆえに,余計に学びの基盤となる主体性の指導に向かいたくなるのかもしれません。しかし「応用の前に基礎を定着させないと」「基礎も学ぼうとしないから主体性を育てないと」といった具合に,土台へ土台へと降りていくのは逆効果です。

　例えばバスケットボールでも,ドリブルやシュートなどの基礎練習だけでは練習の意味がわからず技能の向上は見込めないもので,折に触れて試合形式を経験するからこそモチベーションが上がり,技能の向上や定着も促されるものでしょう。新学習指導要領では実社会の問題を解決していけるような,生きて働く学力の育成が強調されています。その趣旨を生かして単元や授業を一工夫し,知識をつなげて考えたり使いこなしたりする「思考」を促すような,テスト問題や議論やレポートや作品制作や実演などの「試合」的な経験(タスク)を程よく組織することでこそ,生徒たちに「学びがい」が生まれて知識が関連づけられたりして,「基礎」を引き上げていくことも期待できるでしょう。

　ただし「思考・判断・表現」の指導と評価を充実させていく際に,授業中の発言やノートの記述やグループワークの様子など,学習活動のプロセスを丁寧に記録に残していくことは「評価疲れ」を招くおそれがありますし,「評価(点検)のための授業」のようになって授業の柔軟性を奪い,学びのプロセスを大事にしているつもりが逆に窮屈なものにしてしまうおそれがあります。これに対して本書は「思考・判断・表現」を試すタスク,あるいは評価問題の充実を核とする観点別評価のあり方を提起することで,評価業務の煩雑さを軽減し,単元という単位での授業改善につなげていく道筋を示していきたいと思います。

生徒に「使える」レベルの学力を育てる

　新学習指導要領でめざされている学力像を捉え評価方法へと具体化していくうえで，学力の3層構造を念頭において考えてみるとよいでしょう（**図1**）。個別の知識・技能の習得状況を問う「知っている・できる」レベル（例：三権分立の三権を答えられる）は，穴埋め問題や選択式の問題など客観テストで評価できます。しかし，概念の意味理解を問う「わかる」レベル（例：三権分立が確立していない場合，どのような問題が生じるのかを説明できる）は知識同士のつながりとイメージが大事で，ある概念について例をあげて説明することを求めたり，頭の中の構造やイメージを絵やマインドマップに表現させてみたり，適用問題を解かせたりするような機会がないと判断できません。さらに，実生活・実社会の文脈における知識・技能の総合的な活用力を問う「使える」レベル（例：三権分立という観点からみたときに，自国や他国の状況を解釈し問題点などを指摘できる）は，実際にやらせてみないと評価できません。思考を伴う実践をさせてみてそれができる力（実力）を評価するのが，パフォーマンス評価です。

　ドリブルやシュートの練習（ドリル）がうまいからといって，バスケットボールの試合（ゲーム）で上手にプレイできるとは限りません。ゲームで活躍できるかどうかは試合の流れ（本物の状況）のなかでチャンスをものにできるかどうかにかかっており，そうした感覚や能力は実際にゲームする中で可視化され，育てられていきます。ところが従来の学校では生徒たちはドリルばかりして，ゲーム（学校外や将来の生活で遭遇する本物の，あるいは本物のエッセンスを保持した活動）を知らずに学校を去ることになっていないでしょうか。このゲームに当たるものを学校で保障し，生きて働く学力を形成していこうというのが「真正の学び（authentic learning）」の考え方です。資質・能力ベースをうたう新学習指導要領がめざすのは，「真正の学び」を通じて「使える」レベルの知識とスキルと情意を一体的に育成することなのです。

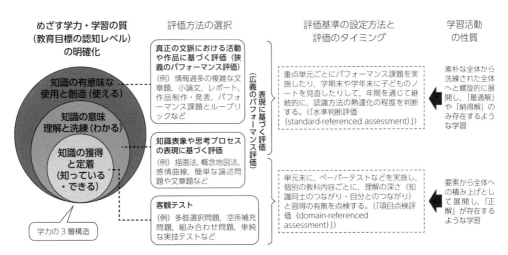

図1．学力・学習の質（学力の3層構造）と評価方法との対応関係（石井，2012）

「使える」レベルの学力をどう伸ばすか

　試合，コンペ，発表会など，現実世界の真正の活動には，その分野の実力を試すテスト以外の「学びの舞台」（見せ場（exhibition））が準備されています。そして，本番の試合や舞台のほうが練習よりも豊かでダイナミックであり，成長の節目にもなっています。しかし学校の学習は，しばしば豊かな授業（練習）と貧弱な評価（見せ場）という状況になっています。「思考・判断・表現」などの「見えにくい学力」の評価が授業中のプロセスの評価（観察）として遂行される一方で，単元末や学期末の総括的評価は「知識・技能」の習得状況を測るペーパーテストが中心です。既存の方法を問い直し「見えにくい学力」を新たに可視化する評価方法（学びの舞台）の工夫が，十分に行われているとはいえません。めざす学力の幅が広がり，ものさし（評価基準表）がつくられるものの，そのものさしを当てる「見せ場」が準備されていない状況が，授業観察への依存と授業過程の証拠集めや点検作業に追われる状況を生み出してきました。

　日々の授業で粘り強く思考し表現する活動を繰り返すなかで思考力や知的態度を伸ばし切り，課題研究での論文作成・発表会や教科のパフォーマンス課題など，育った実力が節目で試され可視化されるような，テスト以外の「学びの舞台」を設定することが重要です。知識を総合して協働で取り組むような挑戦的な課題を単元末や学期末に設定し，その課題の遂行に向けて生徒たちの自己評価・相互評価を含む形成的評価を充実させて，生徒を伸ばしながらより豊かな質的エビデンスが残るようにしていくのです。

　生徒にとっての「見せ場」となる学びの舞台を軸に，一時間一時間という短いスパンだけではなく，単元レベルの学びのストーリーを意識しながら単元計画や授業を組み立てる。単元末や学期の節目の「使える」レベルの課題や単元を貫く問い（例：学校紹介のキャッチコピーを創る（国語），自分のことで I have a dream that ____.を書いて発表する（英語），「日本はどの国・地域と地域統合すればよいのだろうか」という問いを探究する（社会））を意識しつつ，日々の授業では概念を学び深める「わかる」授業を展開するわけです。最近の小・中学校の教科書の単元展開は学力の3層構造を意識したものになっており，「使える」レベルの課題を軸に単元単位でヤマ場をデザインする発想をもつことが重要です。

　その際，教師目線の「達成」からの逆算で目標に追い込むものというより，生徒目線の「舞台」からの逆算で学びの目的意識を育てていくことが肝要です。部活動の試合や行事等のように，生徒たち自身が「舞台」本番に向けて必要なものを考え準備し練習し，節目でもてるものを総合し使い切る経験を通して，学びは成長へとつながっていくのです。パフォーマンスの振り返り等から，さらなる問いや活動を生成し，授業を超えて主体的に探究を続けることも期待したいところです。

「使える」学力の育成と学校の働き方改革を共に実現するために

　テストの点数に表れない生徒の育ちを評価しようという思いは，日常的に細かく頻繁に評価材料を残そうとする「指導の評価化」に陥りがちです。そのような状況に陥らないためにも，総括的評価と形成的評価とを区別することが重要です。

　思考力・判断力・表現力を形成するために授業過程での生徒たちの活動やコミュニケーションを丁寧に見守り観察（評価）しなければならないのは確かですが，それは形成的評価として意識すべきものです。総括的評価の材料なら，生徒一人一人について確かな根拠を残しながら客観的に評価することが求められますが，形成的評価なら指導の改善につながる程度のゆるさで，抽出でも直観でも大丈夫です。生徒を伸ばすためにはタイミングを逃さずに働きかけることが重要であって，学習状況の把握と記録を意識しすぎてタイミングを逃してはなりません。

　形成的評価と総括的評価を区別し，記録に残す評価・総括的評価のタイミングを焦点化・重点化することで，評価にかかわる負担を軽減することができます。単元計画の毎時間に3観点を細かく割りつける必要はありません。日々の授業は形成的評価を重視して記録に残すことにこだわらず生徒たちの力を伸ばすことに集中します。そのうえで例えば英語であれば単元末や学期の節目に，文法や読解などはペーパーテストで力を試す。他方，話す・聞くといったコミュニケーション能力等はリアルな場面を設定して実際にやらせてみないと確かめられないので，パフォーマンス課題（タスク）に取り組ませて，あるいは学んだことを生かして生徒たちが活発にやり取りを展開したりする「キモ（肝）の一時間」で，意識的に学びの足跡や思考の表現を残すよう生徒に促して，総括的評価を行うという具合です。

　総括的評価のタイミングを焦点化・重点化することは，目標を焦点化・重点化することを意味します。特に「思考・判断・表現」や「主体的に学習に取り組む態度」といったつかみどころのないものは，評価場面を焦点化・重点化し決め打ちすることに不安もあるでしょう。しかし評価の頻度や細かさが評価の妥当性や信頼性を高めるとは限らず，むしろ「これができたら一人前」という評価課題の質こそが重要であり，その教科や単元の中核的な目標を見極めることが必要です。そもそも「この内容を習得させたい」「こういう力を育てたい」といった「ねらい」や「ねがい」をもって生徒たちに働きかけたならば，それが達せられたかどうかという点に自ずと意識が向くものでしょう。「指導と評価を一体化させなくてはならない」と肩に力を入れなくても評価的思考は日々の教育の営みに内在していて，目標を明確にもっていれば自ずと評価は付いてきているものです。日々の授業で「目標と評価の一体化」を意識して出口の生徒の姿で目標を具体的にイメージしておくことで，単元計画で毎時間に観点を割りつけていなくても机間指導等において捉えたいポイントは焦点化・重点化され，授業過程での形成的評価も自ずと促されるでしょう。

2 新3観点で何を測り，育てるのか

旧4観点と新3観点がターゲットとする学力の違い

　新3観点による評価のあり方について，「知識・技能」は事実的で断片的な知識の暗記・再生だけでなく概念理解を重視すること，「主体的に学習に取り組む態度」は授業態度ではなくメタ認知的な自己調整として捉え直し，「知識・技能」や「思考・判断・表現」と切り離さずに評価することなどが強調されています。すべての観点において「思考・判断・表現」的な側面が強まったようですが，従来の4観点との違いをみてみましょう。

　旧4観点の評価では，「知識・理解」「技能」は断片的知識（「知っている・できる」レベル）を穴埋めや選択式などの客観テストで問い，「思考・判断・表現」はおもに概念の意味理解（「わかる」レベル）を適用問題や短めの記述式の問題で問うようなテストが作成される一方で，「関心・意欲・態度」はテスト以外の材料をもとに生徒たちのやる気やまじめさをみるような評価がされていたように思われます（図2）。

　いっぽう新3観点の評価は，「知識・技能」は理解を伴って中心概念を習得することを重視して，「知っている・できる」レベルのみならず「わかる」レベルも含むようテスト問題を工夫することが求められます。「思考・判断・表現」は「わかる」レベルの思考を問う問題に加え，全国学力・学習状況調査の「活用」問題のように「使える」レベルの思考を意識した記述式問題を盛り込んでいくこと，また，問いと答えの間が長くて，思考力を試すだけでなく，試行錯誤や知的な工夫としての「主体的に学習に取り組む態度」もあわせて評価できるような，テスト以外の課題を工夫することが求められます（図3）。

「知識・技能」の評価と育成のポイント

　「知識・技能」の評価は，「ペーパーテストにおいて，事実的な知識の習得を問う問題と，知識の概念的な理解を問う問題とのバランスに配慮するなどの工夫改善を図るとともに，例えば，児童生徒が文章による説明をしたり，各教科等の内容の特質に応じて，観察・実験をしたり，式やグラフで表現したりするなど実際に知識や技能を用いる場面を設けるなど，多様な方法を適切に取り入れていくことが考えられる」（『報告』，8頁）とされています。「知識・技能」というと年号や単語などの暗記・再生（「知っている・できる」レベルの学力）を思い浮かべがちですが，ここで示されているのは「概念」の意味理解（「わかる」レベルの学力）の重視です。日々の「わかる」授業により理解を伴った豊かな習得

従来の4観点はどのように評価されてきたか

能力・学習活動の階層レベル（カリキュラムの構造）		資質・能力の要素（目標の柱）			
		知識	スキル		情意（関心・意欲・態度・人格特性）
			認知的スキル	社会的スキル	
教科等の枠付けの中での学習	知識の獲得と定着（知っている・できる）	事実的知識，技能（個別的スキル）　　　**知識・理解　技能**	記憶と再生，機械的実行と自動化	学び合い，知識の共同構築	達成による自己効力感
	知識の意味理解と洗練（わかる）	概念的知識，方略（複合的プロセス）	解釈，関連付け，構造化，比較・分類，帰納的・演繹的推論		内容の価値に即した内発的動機，教科への関心・意欲　　**関心・意欲・態度**
	知識の有意味な使用と創造（使える）	**思考・判断・表現**　見方・考え方（原理と一般化，方法論）を軸とした領域固有の知識の複合体	知的問題解決，意思決定，仮説的推論を含む証明・実験・調査，知やモノの創発（批判的思考や創造的思考が深く関わる）	プロジェクトベースの対話（コミュニケーション）と協働	活動の社会的レリバンスに即した内発的動機，教科観・教科学習観（知的性向・態度）

※「関心・意欲・態度」が表からはみ出しているのは，本来学力評価の範囲外にある，授業態度などの「入口の情意」を評価対象にしていることを表すためである。

図2．従来の4観点による観点別評価の実践傾向（石井，2019）

新しい3観点はどのように評価していくか

能力・学習活動の階層レベル（カリキュラムの構造）		資質・能力の要素（目標の柱）			
		知識	スキル		情意（関心・意欲・態度・人格特性）
			認知的スキル	社会的スキル	
教科等の枠付けの中での学習	知識の獲得と定着（知っている・できる）	事実的知識，技能（個別的スキル）	記憶と再生，機械的実行と自動化	学び合い，知識の共同構築	達成による自己効力感
	知識の意味理解と洗練（わかる）	**知識・技能**　概念的知識，方略（複合的プロセス）	解釈，関連付け，構造化，比較・分類，帰納的・演繹的推論		内容の価値に即した内発的動機，教科への関心・意欲
	知識の有意味な使用と創造（使える）	**思考・判断・表現**　見方・考え方（原理と一般化，方法論）を軸とした領域固有の知識の複合体	知的問題解決，意思決定，仮説的推論を含む証明・実験・調査，知やモノの創発（批判的思考や創造的思考が深く関わる）	**主体的に学習に取り組む態度**　プロジェクトベースの対話（コミュニケーション）と協働	活動の社会的レリバンスに即した内発的動機，教科観・教科学習観（知的性向・態度）

豊かなテスト　　　　　　　　　　　　　　　　　　　　　　　　　**豊かなタスク**

図3．新しい3観点による観点別評価の方向性（石井，2019）

（有意味学習）を保障し，記憶に定着しかつ応用の利く知識にして，生きて働く学力を形成していくことが求められているのです。

　「知っている・できる」レベルの評価は重要語句の穴埋め問題や選択問題などの客観テスト，および簡単な実技テストが有効です。これに対して「わかる」レベルの評価は学んだ内容を適用することで解ける適用問題はもちろん，豆電球が光る仕組みについて学習者のイメージや説明を自由に記述させたり（描画法），歴史上の出来事の因果関係やマインドマップを図示させてみたりして，学習者がどのように知識同士をつないでいて内容に対するどのようなイメージを構成しているのかを表現させてみること，あるいは数学の問題を作らせてみて計算の意味を生活と結びつけて捉えられているかどうかを問うことなどが有効です。「三権分立の定義を答えよ」でなく「もし三権分立が成立していなかったらどのような問題が起こりうるか」といった具合に，テストの問い方を工夫してみることも重要です。

「思考・判断・表現」の評価と育成のポイント

　「思考・判断・表現」の評価は「ペーパーテストのみならず，論述やレポートの作成，発表，グループでの話合い，作品の制作や表現等の多様な活動を取り入れたり，それらを集めたポートフォリオを活用したりするなど評価方法を工夫することが考えられる」（『報告』，9頁）とされており，「パフォーマンス評価（Performance Assessment：PA）」の有効性が示されています。PAとは思考する必然性のある場面（文脈）で生み出される学習者の振る舞いや作品（パフォーマンス）を手がかりに，概念の意味理解や知識・技能の総合的な活用力を質的に評価する方法です。現実的で真実味のある場面を設定するなど，学習者の実力を試す評価課題（パフォーマンス課題）を設計し，それに対する活動のプロセスや成果物を評価するわけです。パフォーマンス課題の例としては，学校紹介VTRにBGMをつける音楽科の課題，電気自動車の設計図（電気回路）を考えて提案する理科の課題，地元で実際に活動している人たちとともに浜辺のごみを減らすためのアクションプランを考案して地域住民に提案する社会科の課題などがあります。文脈に応じて複数の知識・技能を総合する「使える」レベルの思考力を試すのがパフォーマンス課題です。

　「真正の学び」につながる「使える」レベルの思考は基本的にはタスク（課題）でこそ評価しうるものですが，作問を工夫することで，ペーパーテストで思考過程のポイントを部分的に問うことはできます。たとえば，全国学力・学習状況調査の「活用」問題や，それと同じ傾向の各都道府県の高校入試の問題，あるいは大学入学共通テストの問題などには，そうした作問の工夫を見出すことができます。また大学の二次試験などの論述問題は，大学人目線でみた玄人な問いが投げかけられ，「学問する」力を試すものとなっていることがあります。単元で取り組んだパフォーマンス課題について，文脈を変えたりして評価問題を作成することも考えられるでしょう。

「主体的に学習に取り組む態度」の評価と育成のポイント

　「主体的に学習に取り組む態度」は「単に継続的な行動や積極的な発言等を行うなど，性格や行動面の傾向を評価するということではなく，（中略）知識及び技能を獲得したり，思考力，判断力，表現力等を身に付けたりするために，自らの学習状況を把握し，学習の進め方について試行錯誤するなど自らの学習を調整しながら，学ぼうとしているかどうかという意思的な側面を評価することが重要である」（『報告』，10頁）とされ，それは「①粘り強い取組を行おうとする側面」と「②粘り強い取組を行う中で，自らの学習を調整しようとする側面」という2つの側面で捉えられると説明されています。

　情意の中身を考える際は，学習を支える「入口の情意」（興味・関心・意欲など）と，学習を方向づける「出口の情意」（知的態度，思考の習慣，市民としての倫理・価値観など）とを区別してみるとよいでしょう。授業態度などの「入口の情意」は授業の前提条件として教材の工夫や教師の働きかけで喚起するものであり，授業の目標として掲げ意識的に評価するものというよりは，授業の進め方を調整する手がかりとなるものです。他方で，一言一言へのこだわり（国語），物事を多面的・多角的に捉えようとする態度（社会）や，条件を変えて考えてみたらどうなるかと発展的に問いを立てようとする態度（数学）など，教科の中身に即して形成される態度や行動の変容は「出口の情意」であり，知識や考える力と共に育っていく教科の目標として位置づけうるものです。

　『報告』からは，「主体的に学習に取り組む態度」は単に継続的なやる気（側面①）を認め励ますだけでなく，各教科の見方・考え方を働かせて，その教科として意味ある学びへの向かい方（側面②）ができているかどうかという，「出口の情意」を評価していく方向性がみて取れます。スポーツにしても勉強にしても，がんばりの量（粘り強く試行錯誤すること）だけでなく，がんばりの質（反省的に工夫すること）が重要というわけです。

　『報告』では「主体的に学習に取り組む態度」のみを取り出して評価することは適切でなく，「思考力・判断力・表現力」などと一体的に評価していく方針が示されています。問いと答えの間が長く試行錯誤のあるパフォーマンス課題（思考のみならず，粘り強く考える意欲や根拠に基づいて考えようとする知的態度なども自ずと要求される）を設計し，その過程と成果物を通して「思考・判断・表現」と「主体的に学習に取り組む態度」の両方を評価するわけです。例えば「俳句」の学習で句会を開き互いに味わい合うことを通して俳句を作り読み取る力を試すと共に，句を作るうえでこだわって試行錯誤や工夫したことを振り返りにまとめることで，主体性を合わせて評価することが考えられるでしょう。その時点でうまくできたり結果を残せたりした部分の評価と共に，そこに至る試行錯誤の過程でみせた粘り，あるいは筋（センス）のよさにその子の伸び代を見出し，評価するという具合です。スマートで結果につながりやすい学び方をする子だけでなく，結果にすぐにはつながらなくても，泥臭く誠実に熟考する子も含めて，教科として意味ある学びへの向かい方として，おもに加点的に評価していく方向性がよいでしょう。

3 単元設計と評価課題・評価問題の一体的な改善へ

学びの節目で「総合」問題に取り組む機会をつくる

　観点別評価は一時間単位ではなく，単元単位に注目しながら授業と学びをデザインすることを促すものです。教師主導で内容を順次網羅するのではなくここ一番で時間をかけて，教師の支援や見守りの下で，生徒主体で主体的に協働的に問いやテーマを掘り下げる，あるいは学んだことを総合して挑戦的な課題に取り組む。教師が教える舞台ではなく生徒が学ぶ舞台として授業を組み立て，わかるように教師から教えられるだけでなく，学び取ることや考え抜くことを生徒たち自身が経験できるようにしていくことが肝要です。

　これまでも教師たちは生徒たちの考える力を育ててきましたが，多くの場合，日本の教科学習は知識を問題解決的に発見的に学ばせる過程で，知識をつないだり構造化したりする「わかる」レベルの思考（比較・分類などの理解志向）を育てようとするものでした。これに対し「使える」レベルの思考は，現実的な問題解決・意思決定などの応用志向です。

　その違いに関しては，ブルームの目標分類学において問題解決が，「適用（application）」（特定の解法を適用すればうまく解決できる課題）と「総合（synthesis）」（論文を書いたり，企画書をまとめたりと，これを使えばうまくいくという明確な解法のない課題に対して，手持ちの知識・技能を総動員して取り組まねばらない課題）の2つのレベルに分けられていることが示唆的です。「わかる」授業を大切にする日本の学校で応用問題は「適用」問題が主流だったといえます。しかし「使える」レベルの学力を育てるには，折に触れて「総合」問題に取り組ませることが必要です。単元というスパンで学びをデザインし，単元末などに「使える」レベルの「総合」問題に取り組む機会を保障しつつ，毎時間の実践では「わかる」授業を展開するとよいでしょう（**表1**）。

「学びの舞台」を軸に「末広がり」の単元を構想する

　こうして，学力の3層構造を意識しながら「学びの舞台」づくりとして観点別評価を実施していくことは，単元の学びの組立てを「末広がり」にしていきます。これまで中学校では単元単位で学びを構想する視点は多少あるものの，多くの場合，単元や授業の導入部分で具体例的に生活場面が用いられても，そこからひとたび科学的概念への抽象化（わたり）がなされたら，後は抽象的な教科の世界の中だけで学習が進みがちで，元の生活場面に「もどる」（知識を生活に埋め戻す）ことはまれです。さらに，単元や授業の終末部分

表1．学力の質的レベルに対応した各教科の課題例 (石井, 2020b)

	国語	社会	数学	理科	英語
「知っている・できる」レベルの課題	漢字を読み書きする。 文章中の指示語の指す内容を答える。	歴史上の人名や出来事を答える。 地形図を読み取る。	図形の名称を答える。 計算問題を解く。	酸素，二酸化炭素などの化学記号を答える。 計器の目盛りを読む。	単語を読み書きする。 文法事項を覚える。 定型的なやり取りをする。
「わかる」レベルの課題	論説文の段落同士の関係や主題を読み取る。 物語文の登場人物の心情をテクストの記述から想像する。	扇状地に果樹園が多い理由を説明する。 もし立法，行政，司法の三権が分立していなければ，どのような問題が起こるか予想する。	平行四辺形，台形，ひし形などの相互関係を図示する。 三平方の定理の適用題を解き，その解き方を説明する。	燃えているろうそくを集気びんの中に入れると炎がどうなるか予想し，そこで起こっている変化を絵で説明する。	教科書の本文で書かれている内容を把握し訳す。 設定された場面で，定型的な表現などを使って簡単な会話をする。
「使える」レベルの課題	特定の問題についての意見の異なる文章を読み比べ，それらをふまえながら自分の考えを論説文にまとめる。そして，それをグループで相互に検討し合う。	歴史上の出来事について，その経緯とさまざまな立場の声を紹介し，その意味を論評する歴史新聞を作成する。ハンバーガー店の店長になったつもりで，駅前のどこに出店すべきかを考えて，企画書にまとめる。	ある年の年末ジャンボ宝くじの当せん金と，1千万本当たりの当せん本数をもとに，この宝くじの当せん金の期待値を求める。教科書の問題の条件をいろいろと変えて発展的に問題をつくり，追究の過程と結果を数学新聞にまとめる。	クラスでバーベキューをするのに一斗缶をコンロにして火を起こそうとしているが，うまく燃え続けない。その理由を考えて，燃え続けるためにどうすればよいかを提案する。	まとまった英文を読んでポイントをつかみ，それに関する意見を英語で書いたり，クラスメートとディスカッションしたりする。 外国映画の一幕をグループで分担して演じ，発表会を行う。

では，問題演習など機械的で無味乾燥な学習が展開されがちです（尻すぼみの構造）。

　これに対して，よりリアルで複合的な現実世界において科学的概念を総合する，「使える」レベルの学力を試す課題を単元や学期の節目に盛りこむことは，「末広がり」の構造へと単元構成を組み替えることを意味します。単元の最初のほうで単元を貫く問いや課題を共有することで，「見せ場」に向けた学びの必然性を単元レベルで生み出すこともできるでしょう。そして「もどり」の機会があることによって，概念として学ばれた科学的知識は，現実を読み解く眼鏡（ものの見方・考え方）として学び直されるのです。

「逆向き設計」論を生かしてゴールまでの道筋をデザインする

　ウィギンズ（Wiggins, G.）らの「逆向き設計（backward design）」論は「目標と評価の一体化」の一つのかたちであり，次のような順序でカリキュラムを設計していくことを主張します。①生徒に達成させたい望ましい結果（教育目標）を明確にする。②そうした結果が達成されたことを証明する証拠（評価課題・評価問題，評価規準・評価基準）を決める。③学習経験と指導の計画を立てる。

　いわば教師が実現したい中核的な目標を，生徒たちの学びの実力が試される見せ場とし

て具体化し，そのゴールの見せ場に向けてカリキュラムを設計するわけです。「逆向き設計」論は，細かい知識の大部分を忘れてしまった後も残ってほしいと教師が願う「永続的な理解（enduring understanding）」（例：目的に応じて，収集した資料を表，グラフに整理したり，代表値に注目したりすることで，資料全体の傾向を読み取ることができる）と，そこに導く「本質的な問い（essential question）」（例：「全体の傾向を表すにはどうすればよいか？」という単元の問い，さらに「資料の活用」領域で繰り返し問われる「不確実な事象や集団の傾向を捉えるにはどうすればよいか？」という包括的な問い）に焦点を合わせ，それを育み評価するパフォーマンス課題を軸に単元を設計することで少ない内容を深く探究し，結果として多くを学ぶこと（less is more）を実現しようとします。

核となる評価課題・評価問題で単元に背骨を通す

単元のコアとなる評価課題・評価問題（学びの舞台）からゴール逆算的に設計する「末広がり」の単元は，**図4**のようなかたちで組み立てることができます。

一つは，パーツ組立て型で，内容や技能の系統性が強い教科や単元になじみやすいものです。例えば，栄養学の知識を用いてバランスの取れた食事を計画する課題を中心とした単元において，「健康的な食事とは何か」という問いを設定する。生徒たちは，自分の家族の食事を分析してその栄養価を改善するための提案をしたりするパフォーマンス課題を遂行する際にその問いを繰り返し問う。こうして問いに対する自分なりの答え（深い理解）を洗練していくといった具合です。

もう一つは繰り返し型です。説得力のある文章を書く単元において，単元の最初に生徒たちは，文章の導入部分を示した4つの事例に関して，どれが一番よいか，その理由は何かという点について議論する。こうして，よい導入文の条件を整理し，自分たちの作ったルーブリックを念頭に置きながら，説得力のある文章を書く練習に取り組んでいくといった具合です。

パーツを組み立てて総合するにしても，まとまった単位の活動を拡張しつつ繰り返すにしても，①概念や技能を総合し構造化する表現（例：電流のイメージ図や江戸時代の3大改革のキーワードを構造化した概念マップなど，頭の中の知識の表現を，単元前後で書か

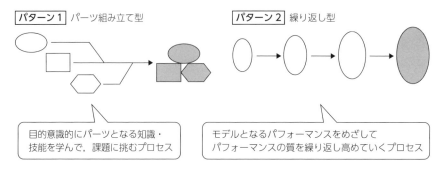

図4．単元構成における，パフォーマンス課題の位置づけ（西岡，2008。ふき出しは引用者による）

せてその変容で伸びを実感する），あるいは，②主題や論点の探究（例：自分たちの住む○○県のPR活動のプランニングをするために，地域調査を行ったり，それに必要な知識や技能を習得したり，新たな小課題を設定したりして，現状認識や解決法を洗練していく）を，単元の背骨を形成する課題とするとよいでしょう。

授業づくりと単元づくりで「ヤマ場」を意識する

　授業は教材を媒介とした教師と生徒との相互作用の過程であって，始めから終わりまで一様に推移するわけではありません。それゆえ授業過程で繰り広げられる教師と生徒の活動内容には，時間的推移に沿って一定の区切り（「導入－展開－終末（まとめ）」といった教授段階）を取り出すことができます。すぐれたドラマや演奏には感情のうねり，展開の緩急，緊張と弛緩などの変化があり，それが人々の集中を生み出したり，心をゆさぶったり，経験の内容や過程を記憶に焼きつけたりします。すぐれた授業にも同じ性質がみられます。

　授業は教科書通り流すものや次々と脈絡なく課題をこなし流れるものではなく，ドラマのようにリズムや緩急やヤマ場があり，ストーリー性をもって局面が「展開」するものとして捉えるべきです。ゆえに「展開」段階はまさに「展開」の名に値するものとしてデザインされねばなりません。展開の段階においては，授業の「ヤマ場（ピーク）」をつくれるかどうかがポイントになります。授業はいくつかの山（未知の問いや課題）を攻略していきながら教材の本質に迫っていく過程です。この山に対して教師と生徒たちが，それぞれに自分のもてる知識や能力を総動員し討論や意見交流を行いながら，緊張感を帯びた深い追究を行えているかどうかが，授業のよしあしを決定する一つの目安となります。

　「授業において導入がいのち」というのは，「導入を盛り上げる」ということとは異なります。盛り上がった先には盛り下がるのであって，導入ではむしろ生徒たちの追究心に静かに火を付けること，学びのための知的な雰囲気と学びの姿勢を形成し，学びのスタート地点に生徒たちを立たせることに心を砕くべきです。そしてヤマ場に向けて生徒たちの追究心をじわじわ高め，思考を練り上げ，終末段階において，教えたい内容を生徒たちの心にすとんと落とすといった具合に，1時間の授業の展開のストーリーを描く展開感覚が授業づくりでは重要なのです。そうした授業レベルで意識されてきたヤマ場を軸にしたストーリー性を，「学びの舞台」を軸に単元レベルでも意識するとよいでしょう。

　「ヤマ場」は授業者の意図として「思考を深めたい」場所で，「見せ場」は生徒にとって「思考（学習成果）が試される場所」（手応えを得られる機会）です。授業のヤマ場の豊かな学びよりもテストという貧弱な見せ場に引きずられる状況を超えて，ヤマ場と見せ場を関連づけることで「学びの舞台」が生徒たちにとって真に学びの目標となる「見せ場」になるよう学びのストーリーを組み立て，単元や授業のヤマ場を構想していくことが重要です。

学力の質や観点に応じて総括のタイミングを柔軟化する

　単元や年間を通して生徒を長期的に見守り育てていくうえで，年間の学力評価計画を立てておくことが有効です。その際，学力の質や観点に応じて，総括のタイミングを柔軟に運用することが肝要です。「知識・技能」は授業や単元ごとの指導内容に即した「習得目標」について，理解を伴って習得しているかどうか（到達・未到達）を評価する（項目点検評価としてのドメイン準拠評価）。いっぽう「思考・判断・表現」は長期的でスパイラルな育ちの水準をルーブリックのような段階的な記述（熟達目標）のかたちで明確化し，重要単元ごとに類似のパフォーマンス課題を課すなどして，学期や学年の節目でパフォーマンスの洗練度や成長を評価するわけです（水準判断評価としてのスタンダード準拠評価）。「知識・技能」は単元テストや定期テストで，「思考・判断・表現」や「主体的に学習に取り組む態度」は重点単元や学期の節目の課題でといった具合です（**図5**）。

　その際，単元を超えて繰り返す類似のパフォーマンス課題の設定や年間指導計画における位置づけがポイントとなるでしょう。単元で学んだ内容を振り返り総合的にまとめ直す「歴史新聞」を重点単元ごとに書かせることで，概念を構造化・体系化する思考の長期的な変化を評価する。さまざまな単元において実験レポートをまとめたり，時には自ら実験計画を立てたりすることを求めたりして，科学的探究力を育て評価する。あるいは，学期に数回程度，現実世界から数学的にモデル化する思考を伴う問題解決に取り組ませ，思考の発達を明確化した一般的ルーブリックを一貫して用いて評価することで，数学的モデル化や推論の力の発達を評価する。勝負の授業，単元末の課題，あるいは，中間，期末などの学期の節目といった，長い時間軸で成長を見守り，学びの舞台を設定して見せ場で伸ばすわけです。

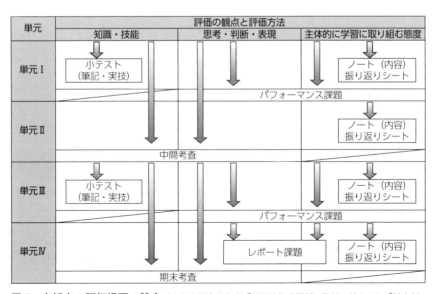

図5．各観点の評価場面の設定（大阪府教育委員会『新学習指導要領の趣旨を踏まえた「観点別学習状況の評価」実施の手引き（令和3年1月）』，15頁）

第2章

社会科の観点と
評価の実際

1 社会科における観点別学習状況の評価

観点別学習状況の評価のこれまでの流れ

平成31年の『小学校，中学校，高等学校及び特別支援学校等における児童生徒の学習評価及び指導要録の改善等について（通知）』（以下『通知』）では高等学校の指導要録の参考様式にも観点別学習状況の評価の記載欄が設けられました。このことが，高等学校の教育現場では大きな話題となっています。

中学校では，昭和52年告示の学習指導要領を受けた昭和55年の指導要録の改訂において，指導要録に観点別学習状況の欄が設けられました。さらに，平成元年告示の学習指導要領を受けた平成3年の指導要録の改訂において示された指導要録の参考様式では，4観点（国語科は5観点）が定められ，「十分満足できると判断されるもの」をA，「おおむね満足できると判断されるもの」をB，「努力を要すると判断されるもの」をCと評価することが示されました。それでは，平成29年告示の中学校学習指導要領で示された観点別学習状況の評価は，これまでとどのような点が異なるのでしょうか。また，そもそも観点別学習状況の評価とは何なのでしょうか。

総括的評価と形成的評価

観点別学習状況の評価について，『児童生徒の学習評価の在り方について（報告）』（初等中等教育分科会教育課程部会（2019），以下『報告』）では，「児童生徒がそれぞれの教科での学習において，どの観点で望ましい学習状況が認められ，どの観点に課題が認められるかを明らかにすることにより，具体的な学習や指導の改善に生かすことを可能とするものである」（19頁）と説明されています。いっぽう，評定は，「児童生徒がどの教科の学習に望ましい学習状況が認められ，どの教科の学習に課題が認められるのかを明らかにすることにより，教育課程全体を見渡した学習状況の把握と指導や学習の改善に生かすことを可能とするものである」と説明されています。

社会科の評定は他教科等を含めた教育課程全体において社会科の学習状況を把握するものであり，観点別学習状況の評価は，社会科の学習において各観点の学習状況を把握するものです。評定について『「指導と評価の一体化」のための学習評価に関する参考資料　中学校　社会』（国立教育政策研究所教育課程センター（2020），以下『参考資料』）では，「『十分満足できるもののうち，特に程度が高い』状況と判断されるもの」を5，「『十分満

足できる』状況と判断されるもの」を4,「『おおむね満足できる』状況と判断されるもの」を3,「『努力を要する』状況と判断されるもの」を2,「『一層努力を要する』状況と判断されるもの」を1と評価することが示されています。評定の3と観点別学習状況の評価のBは,どちらも「おおむね満足できる」状況と判断されるものとなりますが,その意味することはまったく異なります。きわめて特殊な例かもしれませんが,観点別学習状況の評価ではどの観点も,「十分満足できる」状況と判断されA評価であったとしても,教育課程全体では評定4であることもありえます。『報告』では,「観点別学習状況の評価をどのように評定に総括するかについては,従来より,評定の決定方法は,各学校で定めることとされてきた」(20頁)と説明されています。

　そのため,授業者は学習状況を分析的に捉える観点別学習状況の評価として,普段の学習活動において,生徒を見取り,総括的に捉える評定に生かすとともに,生徒の資質・能力の成長を認め,生徒の学習の改善を促すことが重要です。前者は総括的評価,後者は形成的評価とも呼ばれます。なお,それには,教員の学習指導の改善につながる振り返りが不可欠であることはいうまでもありません。

新しい3観点について

　今回の社会科の観点別学習状況の評価では,これまでの「社会的事象への関心・意欲・態度」「社会的な思考・判断・表現」「資料活用の技能」「社会的事象についての知識・理解」の4観点が,「知識・技能」「思考・判断・表現」「主体的に学習に取り組む態度」の3観点に変更されました。これは,観点別学習状況の評価のよりどころとなっている教科の目標および内容が,「知識及び技能」「思考力,判断力,表現力等」「学びに向かう力,人間性等」の育成をめざす資質・能力の3つの柱で再整理されたことによります。観点別学習状況の評価かつ目標準拠評価として実施することが必要であり,学習指導要領に示された目標に照らして,その実現状況を観点ごとに評価する必要があります。その具体的な方法については,次節で紹介します。

　観点の変更は,観点別学習状況の評価を実践するうえで,大きく影響します。「知識・技能」は,生徒がさまざまな情報(知識)などを調べまとめる技能であり,「思考・判断・表現」は生徒が思考し,そのうえで判断した結果を表現したものです。また,「主体的に学習に取り組む態度」は,まさしく,生徒が主体的に学習に取り組む態度です。このように,新しい3観点は,すべて生徒の活動が明確に示されています。例えば,「思考・判断・表現」では,生徒が頭の中で思考し,判断している過程は実際にみることができないので,教師が見取り,評価することはできません。生徒が思考し,判断した結果を何らかの形で表現すると,ようやくみえるようになります。技能,表現,態度は明確に区別されていて,それぞれが独立しているようで,関連し合っています。社会科の観点別学習状況の評価では,「知識・技能」を伴う,「思考・判断・表現」の評価の場面も,伴わない評価の場面もどちらも設定できる可能性があります。

2 社会科における観点別学習状況の評価の基本的な流れ

評価は内容のまとまりごとの実施が原則

　観点別学習状況の評価は、『通知』の〔別紙2〕中学校及び特別支援学校中学部の指導要録に記載する事項等では、「学習指導要領に示す各教科の目標に照らして、その実現状況を観点ごとに評価」すると示されています。さらに、『通知』には、「毎回の授業ではなく原則として単元や題材など内容や時間のまとまりごとに、それぞれの実現状況を把握できる段階で行う」と明記されています。

　つまり、目標に準拠した評価が、単元などの内容のまとまりごとに実施されることで、生徒の学習状況を把握し、資質・能力の伸びを認めるとともに、学習の改善を促し、教員の学習指導の改善につながることが求められています。

　この単元などの内容のまとまりは、社会科では学習指導要領の地理的分野に「B. 世界の様々な地域 (1) 世界各地の人々の生活と環境」や歴史的分野の「C. 近現代の日本と世界 (2) 現代の日本と世界」など中項目として示されたものを活用することが一般的でしょう。

単元単位で評価を構想する

　まず、単元でおもにどのような資質・能力の育成をめざすのかを定めます。もちろん、単元を通した総括的な観点別学習状況の評価では、3つの観点すべてについて評価する必要があります。しかし、単元構成を構想する際は、その単元の骨格となる単元を貫く問いや単元の学習課題で、おもにどのような資質・能力の育成をめざすのかを検討することが大切です。このとき、注意すべき点は、おもに育成をめざす資質・能力を定めるのであって、おもに教える学習内容を定めるのではないということです。単元を通して、どのような学習内容を教えたいのかを先に定めると、1時間1時間の授業の中で、何を教えるのかの検討に終始してしまうことになります。最初に定めるべきは、おもに育成をめざす資質・能力となります。このとき、単元ごとに、おもに育成をめざす資質・能力が変わっていく方が自然です。つまり、年間の学習計画において、どの単元で、どのような資質・能力を、どのように育成するのかのバランスをとることが重要です。

　次に、おもに育成をめざす資質・能力を踏まえ、単元を貫く問いや単元の学習課題を設定します。その際に、生徒には問いの形で伝えるのか、問いを通して扱う主題の形で伝えるのか、どちらの方がより効果的なのか検討しましょう。それから、初めてその単元で扱

う学習内容としてどのような社会的事象がふさわしいのかを考えます。どの順でどの学習内容を扱うのか，情報提供としての講義形式の授業はどこに配置するのか，どこにパフォーマンス課題を設定するのか，単元単位でカリキュラムマネジメントすることになります。

　その際に，次の3点が重要です。

1　単元を貫く問いや単元の学習課題は単元の冒頭とまとめの授業で思考する時間を取り，生徒の変容を見取ることができるようにすること。

2　毎時間の授業で単元を貫く問いや単元の学習課題を教員が意識するとともに，生徒が意識する機会を設けること。

3　単元構成はあくまでもラフスケッチであり，いつでも変更できるように余裕をもつこと。

　実は，3点目が最も重要です。つまり，事前の計画通り進めることよりも，目の前の生徒の様子にしっかり向き合うことが大切であるということです。

持続可能な評価へ

　単元構成が定まれば，各観点を見取る評価の場面を設定します。毎時間3観点を見取る評価の場面を設定するわけではありません。年間を通して，持続可能な観点別学習状況の評価を実践するためには，どの学習活動で，どの観点を見取るのか，単元全体を見通して設定する必要があります。その際に，生徒の学習活動から学習状況を見取り，声かけやワークシートへのコメントなどで成長を認めるとともに支援を行い，学習改善につなげる評価と生徒の学習活動における成果物などの記録と評価や評定に用いる評価を使い分けることが大切です。形成的評価と総括的評価を区別し，無理のない評価計画を立てましょう。『参考資料』では，それぞれ，●と○という記号で示されています。

　それに加え，社会科における観点別学習状況の評価のためには，生徒のその単元に対するレディネス（学習準備状態）を確認する診断的評価が重要です。総括的評価だけでは，生徒が単元を通して成長したのか，もともとその水準に到達していたのか見取ることができません。最終的にはその単元における資質・能力の伸びをそれぞれの観点で総括して評価することになります。診断的評価は，単元を通した変容を見取る総括的評価の目安となります。このように，診断的評価，形成的評価，総括的評価を組み合わせて評価することが大切です。

　最終的には観点別学習状況の評価を総括して評定を決定します。このとき，評価を機械的に総括して評定を決定すべきではありません。『報告』に「観点別学習状況の評価をどのように評定に総括するかについては，従来より，評定の決定方法は，各学校で定めることとされてきた」と示されている点に留意する必要があります。

3 おもに「知識・技能」をみる評価課題

「知識・技能」で何を測り，育てるのか

　『参考資料』では，「『知識・技能』の評価は，各教科等における学習の過程を通した知識及び技能の習得状況について評価を行うとともに，それらを既有の知識及び技能と関連づけたり活用したりする中で，他の学習や生活の場面でも活用できる程度に概念等を理解したり，技能を習得したりしているかについても評価するものである」と説明されています。

　本来は，「知識・技能」の観点は知識と技能が「・」で結ばれているため，「知識・技能」の一体の観点として評価すべきです。しかし，『中学校学習指導要領（平成29年告示）』（文部科学省（2018a），以下『新学習指導要領』）の社会科の目標の（1）には，「理解するとともに，調査や諸資料から様々な情報を効果的に調べまとめる技能を身に付けるようにする」と示され，『通知』〔別紙4〕の中学校社会科の評価の観点及びその趣旨の「知識・技能」にも，「理解しているとともに，調査や諸資料から様々な情報を効果的に調べまとめている」と，明記されています。観点別学習状況の評価は目標に準拠した評価であることを踏まえると，知識を評価する場面と，技能を評価する場面を，それぞれ設定することができると考えてよいでしょう。

　さらに，『幼稚園，小学校，中学校，高等学校及び特別支援学校の学習指導要領等の改善及び必要な方策等について（答申）』（中央教育審議会（2016），以下『答申』）において，事実的な知識と概念的な知識が区別されていることを踏まえ，「知識・技能」を評価する場面は，知識の習得，技能の習得，概念等の理解の3場面を設定することができます。ただし，単元などの内容のまとまりごとには，知識の習得，技能の習得，概念等の理解の3つの評価の場面を総括し，「知識・技能」として評価する必要があります。

　それでは，第3章の地理的分野で示された評価課題の例を参考に，知識の習得，技能の習得の評価の場面での評価課題をみていきましょう。

知識の習得と技術の習得を評価する場面における評価課題

　第3章地理的分野の「A. 世界と日本の地域構成（1）地域構成」では，日本の略地図を描く評価課題例が示されています（48頁）。

　略地図を描くという評価課題は，地図を描写する学習活動を通して，それまでの学習の成果を振り返り，まとめることができます。その過程で，知識の習得状況とともに，作図

できるかどうかの技能が習得されているかについても評価することができます。つまり，知識と技能の習得が関連づいた評価課題となります。

小・中・高の学習内容のつながりを意識する

中学校社会科地理的分野の「A. 世界と日本の地域構成 (1) 地域構成」の単元では，世界の略地図を描く評価課題がよく紹介されていますが，ここでは，日本の略地図を描く例を紹介しています。なぜ，本単元では日本の略地図を評価課題としたのでしょうか。

高等学校で「地理総合」が必履修科目となったことで，地理的分野について，小学校・中学校・高等学校と継続的に学習を行うことになりました。日本の諸地域についての学習は，小学校第3学年での身近な地域や市区町村の様子の学習から，第4学年での都道府県の様子，第5学年の我が国の国土の様子という，スケールを広げながら，地域を概観する学習を行っています。さらに，中学校では，「C. 日本の様々な地域 (3) 日本の諸地域」の単元で，日本の地域区分に合わせ，自然環境や産業などを中核とした考察の仕方をもとに，主題を設け学ぶ，動態地誌的学習を行います。いっぽうで，高等学校では，必履修科目となった「地理総合」では，生活圏の調査をもとに，地理的な課題の解決に向け，考察，構想する学習を行いますが，日本の諸地域について地誌的な学習を行うわけではありません。選択科目である「地理探究」でも，将来の日本の国土像のあり方を構想する学習に取り組みますが，あらためて日本の諸地域は学習しません。したがって，中学校社会科地理的分野で日本の諸地域について，動態地誌的に学習したことをもとに，高等学校「地理総合」における生活圏の調査を構想する学習，「地理探究」における日本の国土像のあり方を構想する学習が行われます。中学校社会科地理的分野の「A. 世界と日本の地域構成 (1) 地域構成」の単元で，本書の第3章 (48頁) で示された評価課題の例のように丁寧に日本の略地図を扱うことは，日本の諸地域の学習についての集大成となる，「C. 日本の様々な地域 (3) 日本の諸地域」の単元での学びの深さにつながるとともに，高等学校において必履修科目となった「地理総合」での生活圏の調査がより主体的な活動となります。

小・中・高の系統性を意識すると中学校で学ぶべきことがみえてくる

もちろん，世界の略地図を描く評価課題も大きな効果がありますが，日本の略地図とは少しその学びの体系が異なります。世界の諸地域は，小学校社会科では日本とつながりが深い数か国について学ぶ程度で，中学校社会科「B. 世界の様々な地域 (1)」の単元で初めて学習することになります。中学校の学習でアジアやヨーロッパなどの各州の地域的特色を大観し理解したうえで，本格的な地誌的考察は，高等学校「地理総合」での「B. 国際理解と国際協力」の単元の学びを踏まえた，「地理探究」での「B. 現代世界の地誌的考察 (2) 現代世界の諸地域」の単元となります。したがって，中学校社会科地理的分野の「A. 世界と日本の地域構成 (1) 地域構成」の単元における世界の略地図は，より世界の全体像が概観できる程度の作図ができればよいでしょう。

4 おもに「思考・判断・表現」をみる評価課題

「思考・判断・表現」で何を測り，育てるのか

　『参考資料』では，「『思考・判断・表現』の評価は，各教科等の知識及び技能を活用して課題を解決する等のために必要な思考力，判断力，表現力等を身に付けているかを評価するものである」(9頁) と説明されています。

　「思考・判断・表現」の観点は思考と判断と表現が「・」で結ばれているため，「思考・判断・表現」の一体の観点として評価すべきです。『新学習指導要領』の社会科の目標の(2)にも，「思考・判断したことを説明したり，それらを基に議論したりする力を養う」と示され，また，『通知』〔別紙4〕の中学校社会科の評価の観点及びその趣旨の「思考・判断・表現」にも，「思考・判断したことを説明したり，それらを基に議論したりしている」と，明記されています。つまり，生徒が思考・判断する過程は基本的に生徒の内面で進むことであり，教員がその過程を評価するためには，生徒が思考・判断した結果を，説明や議論などのように表現する学習活動を評価の場面とする必要があることを示しています。

　ここで注目すべきは，『新学習指導要領』の社会科の目標の (2) や『通知』〔別紙4〕の社会科の評価の観点及びその趣旨の「思考・判断・表現」に示されている「社会的事象の意味や意義，特色や相互の関連や社会に見られる課題」です。これらはいわゆる「知識・技能」に該当しますが，「知識・技能」の習得を前提とする「思考・判断・表現」の評価の場面のみを設定すれば，「知識・技能」が習得できていない生徒は，「思考・判断・表現」の観点において「十分満足できる」状況は望めないことになります。したがって，「知識・技能」の習得を前提としない「思考・判断・表現」の評価の場面の設定も必要になります。ただし，まったく「知識・技能」の習得を切り離した「思考・判断・表現」の評価の場面を設定することは極めて困難でしょう。そこで，活用すべきは小学校で学習した「知識・技能」です。『通知』〔別紙4〕の小学校社会科の評価の観点及びその趣旨の「知識・技能」の観点には，「地域や我が国の国土の地理的環境，現代社会の仕組みや働き，地域や我が国の歴史や伝統と文化を通して社会生活について理解している」と示されています。

　それでは，第3章・第4章の地理的分野，歴史的分野で示された評価課題の例を参考に，思考力，判断力，表現力等を身につけているかを評価する場面での評価課題をみていきましょう。

選んだ理由も問う多肢選択式の評価課題で,「思考・判断する過程」も含めて評価する

　第3章地理的分野の「B. 世界の様々な地域（1）」（54頁）では,たかしさんに,世界を旅行しているようこさんから届いたメッセージの送信先を思考・判断し,そのように判断した理由を文章として表現する評価課題の例が示されています。

【評価課題例】

　たかしさんに,世界を旅行しているようこさんからメッセージが届いた。たかしさんは,ようこさんが地図中のイから送信したと考えた。この考えは適当といえるだろうか？適当であるかどうか,また,あなたがそう判断した理由を合わせて答えなさい。

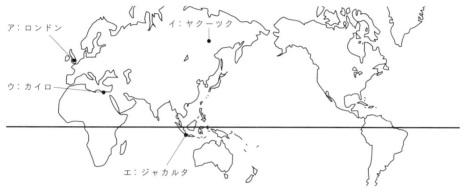

　たかしさん,こんにちは。やっと最後の目的地に着いたわ。
半袖で過ごしているけど,結構暑いわね。
このあたりは,建物の床が高くなっているようね。
この土地の,冬の気候と関係があるのかな？
地面と床とを離す必要があるみたい。
あ,そうそう。この地域の風景が特徴的だったから,写真を撮ったよ！　一緒に送るね。

　ようこ

メッセージの送信者：ようこ　送信日：7月15日

　この設問は,世界各地の人々の生活と環境の学習を総括した評価課題です。したがって,生徒はこの単元までに学習した知識・技能を活用して答えます。思考・判断・表現の観点を評価する場合,メッセージの送信先を地図中から選択する評価課題をよく見かけま

すが，この設問は，イから送信されたと思考した結果が，適切であるかどうかを判断した理由を表現することを求めています。つまり，地図上のどこに位置するのかではなく，なぜそのように判断したのかを問うことで，思考・判断・表現の観点を評価しようとしています。さらに，この単元では，自然環境だけでなく，社会環境に着目して，多面的・多角的に考察し，表現することが求められています。メッセージの文中にも，7月が暑いことなどの自然環境と高床の建物などの社会環境が示されています。また，写真資料にも，針葉樹林という自然環境と教会という社会環境が示されています。

　出題者は，7月が暑く高床の建物からエのジャカルタ，また，写真資料の教会からアのロンドン，と生徒が思考し，適切ではないと判断した理由を表現する誤答を想定していると考えられます。その場合，ウのカイロが地図上で示されていることの必要性が少し弱いように思われます。例えば，夏もそれほど気温が上がらず，針葉樹林がみられないアメリカ合衆国のアラスカ北部のバロー（ウトキアグヴィク）を示してもよいかもしれません。他には，南半球のクライストチャーチを示すと，生徒が北半球と南半球の違いを判断できているのかが明確になるでしょう。

単元の導入場面で「思考・判断・表現」を見取る際の評価課題づくりのポイント

　第4章歴史的分野の「B. 近世までの日本とアジア（1）古代までの日本」（102頁）では，写真をみて，古代文明が生まれた場所の共通点を見つけ，その共通点が，古代文明の発展にどのように影響したのかを見いだす評価課題の例が示されています。

【評価課題の例】

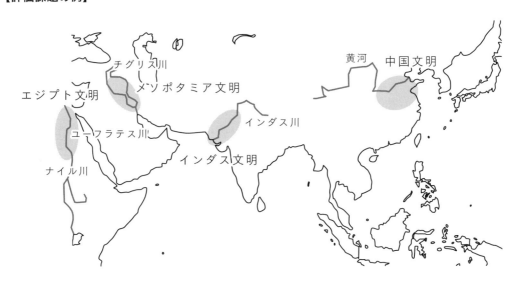

チグリス川　　　　ナイル川　　　　インダス川　　　　黄河

(1) 古代文明が生まれた場所には，どのような共通点があるだろうか。

(2) (1) のような場所で，限られた資源を有効に活用してさらに生産力を伸ばすには，どのような工夫や，社会の仕組みが必要だろうか。

　この設問は，古代までの日本の単元の導入場面である世界の古代文明や宗教のおこりでの評価課題です。先述のとおり，単元のまとめで総括的評価をするためには，事前に診断的評価として生徒のレディネス（学習準備状態）を確認することが大切です。それは，その単元を通した学習活動で，生徒がどのように変容したのかは，レディネス（学習準備状態）と比較しなければ，評価できないからです。この単元では，古代文明や宗教のおこりから，最終的には，古代における国家のなりたちについて学習します。そのため，単元の学習が始まる前に，生徒が文明をどのように捉えており，文明のおこりが，古代国家のなりたちにどのようにつながっていくのかを，どの程度つかんでいるかを把握しておく必要があります。

　複数の写真資料から共通点を見いだす評価課題は効果的です。古代文明についての知識がなくても，写真資料とその写真の位置を示す地図から共通点を見いだすことができるからです。ただし共通点を見いだすだけでは，知識・技能の観点にとどまる評価課題となるかもしれません。そこで，見いだした共通点から，文明のおこりにつなげる評価課題を設定することが重要です。この設問では，限られた資源という言葉によって，何が少ないのかを生徒に思考させています。また，どのような工夫や，社会の仕組みという言葉によって，個人の工夫にとどまらず，社会システムについて思考するように誘導できています。そのため，生徒は，乾燥している気候と大きな河川という写真から読み取った情報から，乾燥しているため水資源が乏しい地域であるが，河川が流れているため，その河川の水資源をどのように利用するのか，さらに思考することになります。どのような個人の工夫があり，個人の工夫にとどまらず，どのような社会システムが必要なのかを思考・判断した結果を文章として表現することから，文明や古代国家という社会システムについてどのようなレディネス（学習準備状態）があるのか把握することができるでしょう。この単元の導入での思考・判断によって，古代までの日本の単元での学習がさらに深まることはいうまでもありません。

5 「主体的に学習に取り組む態度」の評価課題

「主体的に学習に取り組む態度」の評価で何を測り，育てるのか

　『参考資料』では，「主体的に学習に取り組む態度」の評価は，「単に継続的な行動や積極的な発言を行うなど，性格や行動面の傾向を評価するということではなく，各教科等の『主体的に学習に取り組む態度』に係る観点の趣旨に照らして，知識及び技能を習得したり，思考力，判断力，表現力等を身に付けたりするために，自らの学習状況を把握し，学習の進め方について試行錯誤するなど自らの学習を調整しながら，学ぼうとしているかどうかという意思的な側面を評価することが重要である」（9頁）と説明されています。さらに，『参考資料』では，「本観点に基づく評価は，「主体的に学習に取り組む態度」に係る各教科等の評価の観点の趣旨に照らして，

① 知識及び技能を獲得したり，思考力，判断力，表現力等を身に付けたりすることに向けた粘り強い取組を行おうとしている側面

② ①の粘り強い取組を行う中で，自らの学習を調整しようとする側面
　という二つの側面を評価することが求められる」と明示されています。

　『参考資料』では，「主体的に学習に取り組む態度」の評価について，「各教科等の「主体的に学習に取り組む態度」に係る観点の趣旨に照らして」とされていますので，観点の趣旨を確認してみましょう。『通知』〔別紙4〕の中学校社会科の評価の観点及びその趣旨の「主体的に学習に取り組む態度」には，「社会的事象について，国家及び社会の担い手として，よりよい社会の実現を視野に課題を主体的に解決しようとしている」と示されています。つまりは，地理的分野，歴史的分野，公民的分野で設定されている地理的な課題や歴史にみられる課題や現代社会にみられる課題を主体的に解決しようとしているかどうかを評価することになります。例えば，それまでの学習活動で，さまざまな資料や，思考・判断したことをもとにした議論などから見いだした課題について，新たな解決策を構想するなどの活動（評価課題）が考えられます。ただし，これらの評価課題には，明確な正解がない場合もあります。しかし，そのような評価課題こそ，「主体的に学習に取り組む態度」を評価するにふさわしいともいえます。

　それでは，第4章・第5章の歴史的分野，公民的分野で示された評価課題の例を参考に，課題を主体的に解決しようとしているかを評価する場面での評価課題をみていきましょう。

課題を主体的に解決しようとしているかを評価する場面における評価課題の問題例（単元の学習内容をもとに，深い思考をしようとしているかを見取る）

　第4章歴史的分野の「C. 近現代の日本と世界（1）近代の日本と世界」（122頁）では，第二次世界大戦について，日本がだれに（何に）負けたのかを問うことで，今後の日本の社会のあり方について構想する評価課題の例が示されています。

【評価課題の例】

(1) 第二次世界大戦が，日本にとってアメリカと「だけ」戦って負けた戦争ではないとすれば，日本はだれに（何に）負けましたか。

(2) そのことから，今後日本が平和で民主的な社会をつくっていくためには，国際社会や国内において何が大切だと思いますか。

　この設問は，近代の日本と世界の単元のまとめの場面での評価課題例です。「主体的に学習に取り組む態度」の観点に基づく評価は，「主体的に学習に取り組む態度」に係る各教科等の評価の観点の趣旨に照らして，2つの側面について評価する必要があります。そのため，『参考資料』などから評価の観点の趣旨を確認したうえで，評価課題を作問する必要があります。『参考資料』の巻末資料には中学校社会科の各分野の評価の観点の趣旨や内容のまとまりごとの評価規準が示されています。その中で，中学校社会科歴史的分野の「主体的に学習に取り組む態度」の観点の趣旨は，「歴史に関わる諸事象について，国家及び社会の担い手として，よりよい社会の実現を視野にそこで見られる課題を主体的に追究，解決しようとしている」とあり，「C. 近現代の日本と世界（1）」の評価規準は，「近代の日本と世界について，よりよい社会の実現を視野にそこで見られる課題を主体的に追究しようとしている」と記されています。

　この設問では，「C. 近代の日本と世界（1）」の単元での課題を，「戦争はよくない」と善悪論に終始し，より歴史的な見方・考え方を働かせた考察に基づく主体的提言まで踏み込めずに終わってしまうこととしています。そのため，この設問の（1）では，日本はだれに負けたかと問うています。さらに，だれに負けたかの「だれ」を，必ずしも国や勢力である必要がないとし，「負け」も「敗戦を受け入れて降伏する」ことを指さなくてもよいとしています。そのため第二次世界大戦を，日本がアメリカ合衆国と戦争を行い，そして敗戦したという部分的な理解にとどまらず，近代の日本と世界における歴史的影響をあらためて見つめ直したり，それまでの自分の理解と異なる解釈への到達に向けて，粘り強く思考・判断したりする側面が評価できるでしょう。

　設問（1）を踏まえた設問（2）では，日本が平和で民主的な社会をつくっていくためには，国際社会や国内において何が大切かを問うています。まさに，近代の日本と世界について，よりよい社会の実現を視野にそこでみられる課題を主体的に追究しようとしている

評価課題となります。この設問に対し，生徒は，近代の日本と世界の単元で学習した，産業革命や市民革命を経験したことによる，近代社会の成立から近代国家の形成が，日清・日露戦争や第一次世界大戦から第二次世界大戦までの歴史的推移にどのように影響したのかを振り返ります。その振り返りを踏まえ，よりよい社会の実現について何が必要なのかを見つめ直すなかで，この単元での学習がどのような意味をもち，この単元での学習を踏まえて，平和で民主的な社会をつくっていくための担い手として，何をすべきか，自分事として主体的に追究することとなります。ただし，設問（2）は，明確な正解を示しにくいかもしれません。しかし，設問（1）を踏まえて，よりよい社会の実現を視野にそこでみられる課題を主体的に追究しようとしている側面が読み取ることができれば，A評価となるでしょう。

現代社会にみられる課題の解決を視野に入れた評価課題をつくる際の，素材選びのポイント

　第5章公民的分野の「A. 私たちと現代社会（2）現代社会を捉える枠組み」（142頁）では，身近な問題を「効率」と「公正」の視点から考えることを通して，主体的に社会にかかわろうとする態度の育成を促す評価課題例が示されています。

【評価課題の例】
　一度つくられた決まりが見直されたことについて，下記の新聞記事の投稿者は，どの席にも乗客が座ることができ，乗客全員が席を譲ることができる全席優先座席が最も効率で公正であると考え，全席優先座席が復活すべきだと主張しています。あなたは優先席のあり方に対する投稿者の意見に賛成か反対かを示し，なぜそのように判断したのかを「効率」と「公正」の視点から答えなさい。

> **全席優先座席，復活切に願う（兵庫県宝塚市在住）**
> 　先月末，阪急電車に乗ると，一部の座席に「優先座席」のステッカーが張られていた。毎日利用する私は，「全席優先座席」という考え方がとても好きだった。乗客のことを信頼しているように感じていた。実際，何度も席を譲っている光景を見たし，私自身も年配の人や小さな子どもを連れた人に席を譲ったこともある。阪急では，高齢者を中心にここ数年，苦情が年間十数件寄せられたため，「優先座席」を再導入したそうだ。
> 　〈中略〉今後心配なのは，「優先座席」以外に座った人が，無関心になり，席を譲らなくなることだ。全席優先座席が復活することを切に願う。
> 　　　　　　　　　　　　（「朝日新聞」大阪本社版　2007年11月17日「声」をもとに作成）
> ＊「全席優先席」の取り組みは，2000年頃，一部の私鉄と地下鉄で行われたが，いずれも開始後10年以内に，一部座席を「優先席」とする，もとのかたちに変更されている。

　この設問は，現代社会を捉える枠組みのまとめの場面である決まりの評価と見直しにおける評価課題です。「主体的に学習に取り組む態度」の観点に基づく評価は，「主体的に学習に取り組む態度」に係る各教科等の評価の観点の趣旨に照らして，2つの側面について評価する必要があります。そのため，歴史的分野の評価課題と同様，『参考資料』などから評価の観点の趣旨を確認したうえで，評価課題を作問する必要があります。『参考資料』の巻末資料には中学校社会科の各分野の評価の観点の趣旨や内容のまとまりごとの評価規準の例が示されています。中学校社会科公民的分野の「主体的に学習に取り組む態度」の観点の趣旨は，「現代の社会的事象について，国家及び社会の担い手として，現代社会に見られる課題の解決を視野に主体的に社会に関わろうとしている」とあり，「A. 私たちと現代社会　(2) 現代社会を捉える枠組み」の評価規準の例では，「現代社会を捉える枠組みについて，現代社会に見られる課題の解決を視野に主体的に社会に関わろうとしている」と記されています。

　この設問では，現代社会を捉える枠組みの単元での課題を，身近な場面でみられる「対立」が生じている場面をもとに，一度，「効率」と「公正」の視点から「合意」されたことが，その後の評価や社会の移り変わりによって見直されることがあることとしています。この評価課題が成立するためには，どのような素材をもとに作問するのかが重要です。この評価課題は新聞の投稿欄が素材です。新聞の読者の意見が掲載されている新聞の投稿欄は，一般的な記事と違い，自分と同じ意見か，異なる意見かを思考し，判断する過程を生み出します。また本課題では，鉄道の優先席についての意見が投稿されています。鉄道は通学やレジャーなどで利用する機会も多く，投稿された場面と同じ場面に遭遇する可能性もあり，生徒が自分事として捉えやすい素材といえるでしょう。そのうえで，出題者は，次の2つの着目すべき点を示しています。
　①　新聞の投書欄の意見に賛成か反対かを判断させていること
　②　「効率」と「公正」の視点から考察させていること
　生徒は，①から，自分の考えを賛成か反対かを判断するなかで考察し，自分事として主体的に，評価課題に取り組もうとします。また，②から，「効率」と「公正」の視点から「合意」されたことが，さまざまな社会の変容を受け，見直されたことに気づきます。まさしく，現代社会を捉える枠組みについて，現代社会にみられる課題の解決を視野に主体的に社会にかかわろうとしている評価課題だといえるでしょう。それゆえに，35頁の歴史的分野の評価課題と同様に，明確な正解を示しにくい評価課題かもしれません。出題者は，解答例として「公正さ」を「機会の公正さ」「結果の公正さ」「手続きの公正さ」の3つを例示しています。また，「効率」がよい状態も，どの席にも誰もが座ることができる「効率」と高齢者に優先座席の乗客から優先的に座席を譲る「効率」のように複数示しています。このように，自らも経験する可能性のある課題に取り組むなかで，生徒は「公正」と「効率」という概念をつかむために，試行錯誤しながら粘り強い取り組みを行おうとするでしょうし，粘り強い取り組みのなかで，自らの学習を調整しようとするでしょう。

6 効果的なテストの行い方

定期テストや単元テストを含めた単元計画

　観点別学習状況の評価では，「知識・技能」「思考・判断・表現」「主体的に学習に取り組む態度」の3つの観点で評価するとともに，目標に準拠した評価が，単元などの内容のまとまりごとに実施されます。つまり，単元などの内容のまとまりごとに，それぞれの観点で，総括的評価を行う評価の場面の設定が必要となります。例えば，単元構成の中心となる単元の学習課題（単元を貫く問い）に，おもに評価する観点として，「思考・判断・表現」を設定する場合は，その他の2つの観点を単元などの内容のまとまりの中で評価することになります。さらに，単元などの内容のまとまり後に定期テストや単元テストが予定され，テストで「知識・技能」を見取り評価する場合は，単元の学習課題（単元を貫く問い）で「思考・判断・表現」を見取り，単元のどこかで，「主体的に学習に取り組む態度」を見取ることができれば，単元などの内容のまとまりで，それぞれの観点の総括した評価を示すことができます。このように，内容のまとまりごとに単元を構成する際に，定期テストや単元テストをどのような位置づけで組み込むのか，あらかじめ計画することが大切です。つまり，授業の中で評価の場面を設定し見取る観点と定期テストや単元テストなどで見取る観点を，それぞれの割合も含めて考え，単元計画を立てるとよいでしょう。そうすると，普段の授業で評価する観点を絞ることができ，より生徒の学習活動の支援に集中することができます。そこから生み出された生徒の学びは，きっと，主体的・対話的で深い学びとなることでしょう。

定期テストや単元テストに観点を設定する際に

　定期テストや単元テストに，「知識・技能」や「思考・判断・表現」の観点を設定し，観点別学習状況の評価を実践する際に，どのような設問がどのような観点を見取ることができるのかが重要になります。

　中学校では昭和55年の指導要録の改訂から観点別学習状況の評価が導入されていますので，さまざまな場面で，観点が明記された問題が示されています。しかし，各中学校で実践された際に，「思考・判断・表現」の観点を見取る評価問題とされていても，「知識・技能」の観点を見取っているのではないかと思うことがあるのではないでしょうか。また，その逆もあるでしょう。そのように，どのような評価問題がどのような観点を見取ること

ができるのかは，各中学校の状況やそれまでの単元などの内容のまとまりでどのように学んできたのかによって異なることになります。高等学校の例ですが，平成30年度に実施された大学入学共通テストの試行調査における，問題のねらい，おもに問いたい資質・能力，小問の概要および設問ごとの正答率等では，ほとんどの設問に，おもに問いたい資質・能力として，「知識・技能」と「思考力・判断力・表現力」がそれぞれ示されています。このように，ある設問に，特定の観点を一般的でどの学校の生徒にもあてはまるものとして設定することは非常に困難なことです。

　神戸大学附属中等教育学校では，平成25年度から文部科学省の指定を受け「地理総合」「歴史総合」の研究開発を進めてきました。その中で，資質・能力の評価方法の一つとして，評価問題の研究も続けてきました。平成28年度の実施報告書では，中学生と高校生が在籍している中等教育学校の特色を生かし，中学校社会科と高等学校地理歴史科の評価問題を分析しました。その中で，業者が作成する外部模試を狭義の学力，つまり「知識・技能」を見取る設問と定義しました。そのうえで，本校で実施している定期テストや単元テストのさまざまな設問の中から，「思考・判断・表現」を見取ることができていると想定した設問を選び，外部模試の学習到達度と設問の解答状況を比較しました。その結果，教員が「思考・判断・表現」を見取ることができていると想定した設問の中でも，「知識・技能」を見取る設問である外部模試の学習到達度で上位にある生徒の方が，より正答率が高くなるケースがあることがわかりました。つまり，狭義の学力との相関が強い設問となります。いっぽう，どの学習到達度に位置しているかに関係なく，正答率がほぼ均等に表れ，狭義の学力との相関関係がみられない設問もありました。本校では，これらの設問こそ，広義の学力である資質・能力の中でも，「思考・判断・表現」を見取ることができる設問であると考え，その後の，設問の観点設定の際に参考にしてきました。このように，何かの機会に狭義の学力といえる何らかの指標と，それぞれの中学校で実践されている評価問題の解答状況を比較してみると，何かがみえてきたりするのではないでしょうか。

表1．日本と東南アジアとアフリカの就業状況

	推計人口 （1,000人）	a 15歳以上 就業者数 （1,000人）	b 15歳以上 人口 （1,000人）	就業者割合 （a／b）	月平均賃金 （ドル）
日本	126,167	67,240	110,957	60.8%	2,773
ベトナム	96,462	50,568	74,762	67.6%	289
タイ	69,626	37,613	58,246	64.6%	490
インドネシア	270,626	129,590	202,582	64.0%	136
南アフリカ	58,558	16,571	42,227	39.2%	263
エジプト	100,388	26,060	67,622	38.5%	127

出典：総務省統計局「世界の統計 2021」

39

例えば，**表1**を参考に東南アジアとアフリカの労働について説明するような，単に資料から読み取る問いは，**表2**のように狭義の学力が上位の生徒の正答率が高くなります。

表2. 学習到達度と問題の正答率の
　　　関係①

	3	2	1	0	計
A	6	2	6	5	19
B	21	4	7	24	56
C	9	8	13	32	62
D	1		3	16	20
E				8	8

表3. 学習到達度と問題の正答率の
　　　関係②

	3	2	1	0	計
A	18	3	2	3	26
B	31	3	5	9	48
C	26	6	7	21	60
D	4	6	3	8	21
E	3		2	5	10

※**表2・3**では，AからEが学習到達度を示します。Aが上位でEが下位になります。3から0が得点です。3が満点で，2，1は部分点です。なお，**表2・3**のデータは，本節の説明をイメージしやすくするために示したものであり，実際の数値とは異なります。

　しかし，**表3**では，どの学習到達度に位置しているかにそれほど関係なく，どの学習到達度にも均等に正解者があります。**表3**は，ある社会的事象の要因や根拠を説明するために複数の資料の中から，最も必要な資料を一つ選択し，その選択した理由を答える設問における解答者の状況を示しています。このように，資料や調査方法などを答えるのではなく，それらを選択した理由を説明するような設問は，「思考・判断・表現」を見取ることができる可能性が高いといえます。

　これらの評価問題の分析を踏まえ，**表4**の通り，育成すべき資質・能力と生徒の学習活動との関係についてまとめました。その中で，知識には，資料などから読み取る知識と知識と知識を比較し概念化した概念とがあり，それらを見取る観点は，知識は狭義の学力との相関が強く，概念は広義の学力との相関が強いと分析しました。さらに，習得した概念を他の知識にあてはめたり，取得した知識を再構成したりする際に，思考力・判断力・表現力が働き，習得した概念から新しい概念を想像する学習活動で，「主体的に学習に取り組む態度」を見取ることができるのではないかと考えています。

表4．育成すべき資質・能力と生徒の学習活動との関係

学習活動	知識・技能	思考・判断・表現	主体的に学習に取り組む態度	資質・能力や狭義の学力との相関関係
1　知識を知っている	知識			狭義の学力との相関が強い
2　資料などから知識を読み取ることができる	技能			狭義の学力との相関が強い
3　読み取った知識を整理することができる		思考・判断		狭義の学力との相関が強い
4　知識と知識を比較して概念化できる	概念			資質・能力と相関が強い
5　習得した概念を他の知識にあてはめることができる		思考・判断・表現		資質・能力と相関が強い
6　習得した概念を再構成できる		思考・判断・表現		資質・能力と相関が強い
7　習得した概念から新しい概念を構想することができる			態度	資質・能力と相関が強い

第3章

地理的分野の評価プラン

地域構成

単元の学習課題　フリーハンドで日本の略地図を描こう

学習前の生徒の状態と先生の願い

生徒

日本は世界地図の真ん中あたりの少し上にある国だよね。

地理的な見方・考え方を働かせて日本の位置や領域について理解してほしい。

先生

単元の特徴

　中学校の地理的分野の学習のはじまりとして，世界と日本の地域構成を通して，世界と日本を大観する学習を行う。本単元では，地理的な見方・考え方のなかでも，社会的事象「位置」に着目して捉える力をおもに身につけることを目標とする。

評価のポイントとなる2場面と指導の手だて

　場面1では，緯度・経度を用いた絶対的位置の表し方と，「○○からみて」「○○を基準として」などの基準を用いた相対的位置の表し方を学ぶ。場面2では，単元のまとめとして，時差や緯度・経度，領域などの概念を用いて，日本の位置を表す略地図を描く。

　場面1で，さまざまな位置の表し方を学ぶことで，地理的な見方である「位置」の考え方を養う一助とする。場面2では，「位置」という視点を身につけて使いこなすことができるかを見取るために，私たちが暮らす日本がどこに，どのように位置するのか，ということを略地図を描くことで表せているか，ということを評価する。

指導と評価の計画

次	学習の流れ （◎）学習内容　　（・）学習活動	おもな評価規準 ●：学習改善につなげる評価 ○：評定に用いる評価	
1	◎地球と世界 ・六大陸と三大洋の分布について，大まかな形状と位置関係を地図にまとめる。 ・さまざまな視点から，世界の国の名称と位置を確認する。	思●	世界の地域構成の特色を，大陸と海洋の分布やおもな国の位置，緯度や経度などに着目して多面的・多角的に考察し，表現している。
2	◎位置の表し方と地図 ・緯度，経度を用いた絶対的な表し方と，方位や州などを用いた相対的な表し方で自分のいる位置を地球上の位置で表す。【評価場面❶】	知○	大陸の形状や大陸と海洋の位置関係が大まかに示されている程度の略地図を描ける知識・技能を身につけている。
	・目的に応じた地図の使い方を学び，世界の大まかな略地図を描く。	知○	ある地点について，絶対的位置と相対的な位置を表す知識・技能を身につけている。
3	◎日本の位置と領域 ・生活場面と結びつけて時差による位置関係を文章で記述する。 ・日本の領域について，海洋国家としての特徴を図表でまとめ，記述する。	主●	日本の地域構成について，よりよい社会の実現を視野にそこでみられる課題を主体的に追究しようとしている。
4	◎日本の地域構成 ・都道府県と都道府県庁所在地の名称と位置を学び，共通性を表現する。 ・日本の大まかな略地図を描く。【評価場面❷】	知○	わが国の国土の位置，世界各地との時差，領域の範囲や変化とその特色などをもとに，日本の地域構成を大観し理解している。
		思○	日本の地域構成の特色を，周辺の海洋の広がりや国土を構成する島々の位置などに着目して多面的・多角的に考察し，表現している。
テスト	・単元で身につけた地理の見方・考え方を働かせて位置の表し方を説明する。 「○○県の県庁所在地を答えなさい」のような，都道府県庁所在地をそのまま一問一答形式で出題するのではなく，城下町や港町などの「場所」の共通点を見つけるような問題が望ましいだろう。	知○	緯度と経度，大陸と海洋の分布，おもな国々の名称と位置などをもとに，世界の地域構成を大観し理解している。
		思○	日本の地域構成の特色を，周辺の海洋の広がりや国土を構成する島々の位置などに着目して多面的・多角的に考察し，表現している。

評価場面❶（第2次）
緯度，経度を用いた絶対的な表し方と，方位や州などを用いた相対的な表し方で自分のいる位置を地球上の位置で表す

おもな学習活動と授業づくりのポイント

　本次では，緯度・経度を用いた絶対的位置や，「北半球にある」「東半球にある」「アジア州にある」「東アジア州にある」「日本の○○地方の○○県の南東部にある」など，相対的位置を表せるようになることを目標とする。この目標を達成するために，以下の問いを設定する。評価の観点は2つである。1つ目は，自分が通う中学校を，地図帳や地理院地図などを用いて，緯度・経度で表せているかを見取る。2つ目は，アメリカのニューヨークを中心とした正距方位図法や，地図帳を用いて中学校の位置を方位や州などの相対的な位置で表せているかを見取る。

評価規準と評価課題

知識・技能	思考・判断・表現	主体的に学習に取り組む態度
○　ある地点について，絶対的位置と相対的な位置を表す知識・技能を身につけている。		

評価課題の例

　あなたは今，どこにいるのだろう？　以下の資料や地図帳，地理院地図を参考に，できるだけ詳しく書いてみよう。

資料1　ニューヨークを中心にした正距方位図法

資料2　メルカトル図法

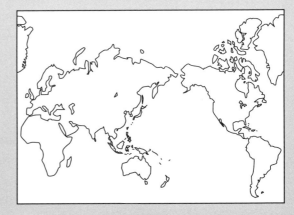

評価事例

Bと評価する例	Aと評価する例
私は，日本の○○県○○市の南にある○○町にいる。	私は今，○○中学校にいる。○○中学校は，東アジアの中でも太平洋に浮かぶ島国の日本にあり，○○県の南東にある○○市の南の○○町にある。緯度，経度で表すと北緯○○.○○度，東経○○○.○○度である。

評価（判断）の理由

・絶対的位置と相対的位置のどちらかで表すことができていればB評価とする。両方で表すことができていればA評価とする。

　絶対的位置：緯度と経度を用いて絶対的な位置を表しているか

　相対的位置：どこかの場所（国，州，地形，自治体，都道府県など）を基準に相対的に位置を表すことができているか

Cの学習状況に対する指導・支援の手だて

・「○○県○○市にある」のように，「位置」の地理的な見方につまずきがあることが考えられる場合は，他の生徒と解答を共有することで，仲間との対話を行い，位置の表し方を身につけるための支援を行う。

・本単元は，地理的な見方を養うための単元であるので，位置の表し方を習得する必要がある。地理的な見方を働かせて考えられない生徒を生み出さないためにも，つまずいている生徒に対しては，「緯度・経度を基準にした言い方はないかな？」「緯度・経度を使わずに他の地域を基準にした言い方はないかな？」などと丁寧に指導する。

評価場面❷（第4次）
日本の大まかな略地図を描く

おもな学習活動と授業づくりのポイント

　本次は，日本の略地図を描くことで，日本の位置関係や領域について理解を深めるとともに，今後の学習にとって役立つ手段を身につけることをめざしている。略地図により，日本の範囲が約経度35度，緯度20度の範囲に広がる海洋国家であることを捉えることができる。そのことにより，例えば，この後の学習で日本と同じ緯度の範囲内にある国を取り上げた際に，気候や生活の違いを学習しやすくなる，という利点があるだろう。加えて，前次までに学習した，領海，排他的経済水域の広さも視認することができる。

　また，略地図を描くことは，地理的分野だけではなく，東アジアの中の日本，世界とかかわる日本を学ぶ視点づくりとして，歴史的分野でも学習の手助けとなるはずだ。そのためにも，下記の条件をすべて満たした大まかな地図を描く必要がある。ただし，本単元ではあくまで略地図を描くことが目標である。時間をかけて，海岸線を事細かに再現するのではなく，日本を概観し，位置や領域について大まかな理解を得る課題としたい。

評価規準と評価課題

知識・技能	思考・判断・表現	主体的に学習に取り組む態度
	○　日本の地域構成の特色を，周辺の海洋の広がりや国土を構成する島々の位置などに着目して多面的・多角的に考察し，表現している。	

評価課題の例

次の条件①〜⑤をすべて踏まえて，日本の略地図を描きなさい。

東経120°　　　東経135°　　　東経155°
北緯45°
北緯35°
北緯25°

条件①　決められた枠（東経120度〜東経155度，北緯25度〜北緯45度）に収める
条件②　北海道の北端と択捉島だけが北緯45度より北にはみ出ている
条件③　東経135度を兵庫県明石市が通り，市名を記入する
条件④　北海道，本州，四国，九州の4つの島を書き，島名を記入する
条件⑤　沖縄島，択捉島，国後島を描き，島名を記入する

評価事例

Bと評価する例

条件①～⑤の条件を3つまたは4つ満たした日本の大まかな略地図を描けている（解答例省略）。

Aと評価する例

条件①～⑤の条件をすべて満たした日本の大まかな略地図を描けている。

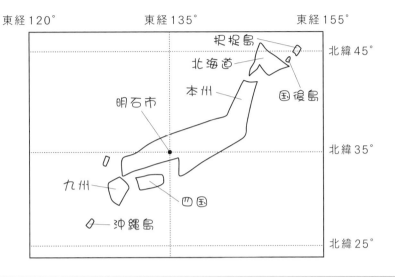

評価（判断）の理由

条件①　決められた枠（東経120度～東経155度，北緯25度～北緯45度）に収めている
条件②　北海道の北端と択捉島だけが北緯45度より北にはみ出ている
条件③　東経135度を兵庫県明石市が通り，市名を記入している
条件④　北海道，本州，四国，九州の4つの島を書き，島名を記入している
条件⑤　沖縄島，択捉島，国後島を描き，島名を記入している

　上記の条件①～⑤のうち，3つまたは4つを満たした解答をB評価，すべてを満たした解答をA評価とする。
　なお，条件④はBの必須条件とする。

Cの学習状況に対する指導・支援の手だて

・目安となる緯線・経線と日本の領域の位置関係をつかむために，トレーシングペーパーを置いて上から直線だけで日本列島を描く練習をする。

・課題を提出するまでに何度か練習させることも効果的である。

世界各地の人々の生活と環境

単元の学習課題　世界で暮らす人々は，自然および社会的な環境とどのようにかかわり合いながら生活しているのかを考え，発表しよう

学習前の生徒の状態と先生の願い

雨がほとんど降らない地域には人は住めないんじゃないかな。

世界で暮らす人々は，環境や宗教からさまざまな影響を受け，工夫して生活していることを実感してほしい。

単元の特徴

　普段，温帯に暮らす私たちにとって，一年中暑い地域や，寒い地域の生活は想像しにくい。そのため，本単元では視覚教材を十分に活用し，「その地域では，なぜそのような暮らしをしているか」ということを考えさせる単元とする。

評価のポイントとなる2場面と指導の手だて

　場面1では，乾燥した地域では，住居にどのような工夫を施しているか，また水はどのように調達しているのかということを考察する。場面2は，定期考査の問題例である。第1次から第4次の学習を通して，世界各地の人々がどのように生活をしていて，またその地域はどのように分布しているか，ということを理解できているかを問う。

指導と評価の計画

次	学習の流れ （◎）学習内容 　（・）学習活動	おもな評価規準 ●：学習改善につなげる評価 ○：評定に用いる評価	
1	◎暑い地域の生活 ・暑い地域の人々が，自然とどのようにかかわりながら暮らしているのか，その工夫をワークシートにまとめる。	知● 暑い地域の人々の生活は，その生活が営まれる場所の自然から影響を受けたり，その場所の自然に影響を与えたりすることを理解している。	
2	◎乾燥した地域の生活 ・乾燥した地域の人々が，自然とどのようにかかわりながら暮らしているのかの工夫を，資料から読み取り，ワークシートにまとめる。【評価場面❶】	知● 乾燥地域の人々の生活は，その生活が営まれる場所の自然から影響を受けたり，その場所の自然に影響を与えたりすることを理解している。	思○ 世界各地における人々の生活の特色やその変容の理由を，その生活が営まれる場所の自然に着目して多面的・多角的に考察し，表現している。
3	◎暖かい地域の生活 ・温暖な地域の人々が，自然とどのようにかかわりながら暮らしているのか，その工夫をワークシートにまとめる。	知● 暖かい地域の人々の生活は，その生活が営まれる場所の自然から影響を受けたり，その場所の自然に影響を与えたりすることを理解している。	
4	◎寒い地域の生活 ・寒い地域や高山地域の人々が，自然とどのようにかかわりながら暮らしているのか工夫を読み取る。	知● 寒い地域の人々の生活は，その生活が営まれる場所の自然から影響を受けたり，その場所の自然に影響を与えたりすることを理解している。	
5	◎世界のおもな宗教 ・宗教と人々の生活がどのようにかかわり合っているかを調べ，発表する。	知● 人々の生活は，宗教から影響を受けることを理解している。	
6	◎開発と環境 ・生活のための開発と，自然環境へ与える影響を考え，その課題をまとめ，発表する。	主● 世界各地の人々の生活と環境について，よりよい社会の実現を視野にそこでみられる課題を主体的に追究しようとしている。	
テスト	・写真などの情報から，地図中のどの地点のものであるかを推察し，その根拠を述べる。【評価場面❷】	思○ 世界各地における人々の生活の特色やその変容の理由を，その生活が営まれる場所の自然に着目して多面的・多角的に考察し，表現している。	

評価場面❶（第2次）
乾燥した地域の人々が，自然とどのようにかかわりながら暮らしているのかの工夫を，資料から読み取り，ワークシートにまとめる

おもな学習活動と授業づくりのポイント

　本次の学習活動では，乾燥帯の暮らしを，イランの「バムとその文化的景観」という世界遺産の写真をもとに学習する。乾燥帯の暮らしは，温帯に暮らす私たちにとって特に想像し難いものとなっている。そこで，アルゲ・バム城塞の写真から，断熱と砂塵を防ぐために窓が小さくなっていること，木材が入手しづらいため，泥のレンガの建材で建築されていること，そして敷地内に風を取り入れる塔があることを読み取る。

　学習指導にあたっては，前次で学習した熱帯の生活における見方・考え方を踏襲する。熱帯ではバリ島の生活から，熱帯での生活を学習する。熱帯では，伝統的な住居の屋根の角度が急で，高床になっている。これは雨を逃し，地面からの湿気を防ぐためである。それに加え，降水量が多いことから稲作がさかんであるが，バリ島は，乾季に水を確保し難い。それゆえ，水利システムを導入したり，稲作の女神を祀ったりと，人々の生活が自然環境と宗教とかかわり合っていることを学ぶ。

　本次では，「なぜ雨がほとんど降らないのに，乾燥した地域の人々は生活できていたのだろう？」という主発問を最初に提示する。主発問の解決のために，授業内で補助発問を重ねていき，授業の終わりに乾燥した地域の人々が，自然環境とどのようにかかわりながら暮らしているか，ということを読み取り，記述しているかを見取る。

評価規準と評価課題

知識・技能	思考・判断・表現	主体的に学習に取り組む態度
● 乾燥地域の人々の生活は，その生活が営まれる場所の自然から影響を受けたり，その場所の自然に影響を与えたりすることを理解している。		

評価課題の例

　なぜ雨がほとんど降らないのに，乾燥した地域の人々は生活することができていたのだろう？

アルゲ・バム城塞

Arad Mojtahedi. 2007

【補助発問と，導きたい生徒の回答】

補助発問1　写真を見て，「おや？」と思うところを1人3つ探そう！

　A1　なぜ砂の建物なの？　なぜ建物の窓が小さいの？　日本の建物と何が違うの？
　　　そもそもどうやって生活していた？　水はどこから引っ張ってくるの？
　　　一番上の塔みたいな建物は何？　など

補助発問2　なぜ建物が茶色くなっているの？

　A2　雨が少ないので，建築資材となる木が育たず，泥のレンガで建物を作っている

補助発問3　なぜ窓が小さいの？

　A3　砂を室内に入れないようにするため，室内の温度を一定に保つため

補助発問4　建物の頂上にある塔は，気候的にどのような役割を果たすの？

　A4　風を集めて，室内を冷やす役割

補助発問5　雨が少ないのなら，水はどのように得ているの？

　A5　水が集まるオアシスや，河川などから水を引いてきて水を得る

評価事例

Bと評価する例	Aと評価する例
水を得られるところから，水を引いてきて農業をしていたから。	建物の材料となる木が育たなかったから，泥のレンガで建物を作っていた。乾燥地域では，太陽がずっと照っているので，風を集めるための塔がある。また，水源から水路を引いて，農業を行っていた。

評価（判断）の理由

・農業の工夫を表現できていればB評価，それに加え，住居や衣服の工夫を表現できていればA評価とする。

Cの学習状況に対する指導・支援の手だて

・「雨が降らないと，水が手に入らないので人は住めない」のような考えを示す生徒には，確かに，水源が近くにないところでは，人々が居住できない地域もあるが，本次は「生活が営まれてきた地域」という前提があるので，それについても十分踏まえるよう指導する。

・単元末に「人々の生活が環境からどのような影響を受けているか，また，逆に生活が環境にどのような影響を与えているか」を問う課題を設定しているため，各地域の指導の段階から，丁寧に補助発問を重ねて，思考力・判断力・表現力を養う必要がある。

・必要があれば，補助発問に対し「建物に注目しよう」「私たちの学校と比べてみよう」などのヒントを出すことで生徒への支援を行う。

評価場面❷（テスト）
写真などの情報から，地図中のどの地点のものであるかを推察し，その根拠を述べる

おもな学習活動と授業づくりのポイント

　本次では，単元のまとめを行う問題を扱う。第1次～第6次まで世界各地における人々の生活を学習した際には，自然環境と宗教が，生活とどのようにかかわり合い，人々の生活が成り立っているかを学んできた。単元を通して，人々の生活が，その地域の自然環境や社会環境に影響を受けていることに着目して考える「思考力・判断力・表現力」が身についているかを見取るため，学習課題を課す。

　本課題は，世界を旅している友人から現地の様子を伝えている文章と写真から，たかしさんが地図中のイから送信されたものであると考えた理由を考察し，判断した理由を表現する内容である。「送信日が7月で暑い」「住居が高床である」「針葉樹林の写真」の情報から考えると，緯度が高く，寒い地域の気候であるイは適当と判断できる。「高床ということは，洪水の被害や湿気を防ぐ必要がある暑い地域の建物だ」といった考えは，一見正しい文章のようにみえるが，本課題ではこの判断は適当ではない。同じ高床の住居でも，自然環境によってその理由が違うと理解し，正しく考察できるか，ということが本課題の肝となる。また，地理における見方を生かし，植生から地理上の位置を判断することも必要となる。

評価規準と評価課題

知識・技能	思考・判断・表現	主体的に学習に取り組む態度
	○　世界各地における人々の生活の特色やその変容の理由を，その生活が営まれる場所の自然に着目して多面的・多角的に考察し，表現している。	

評価課題の例

　たかしさんに，世界を旅行しているようこさんからメッセージが届いた。たかしさんは，ようこさんが地図中のイから送信したと考えた。この考えは適当といえるだろうか？　適当であるかどうか，また，あなたがそう判断した理由を合わせて答えなさい。

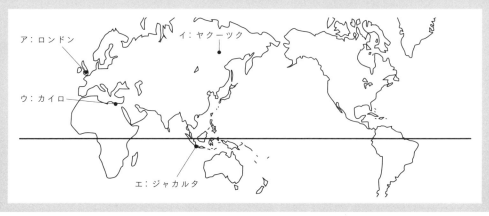

たかしさん，こんにちは。やっと最後の目的地に着いたわ。

半袖で過ごしているけど，結構暑いわね。

このあたりは，建物の床が高くなっているようね。

この土地の，冬の気候と関係があるのかな？

地面と床とを離す必要があるみたい。

あ，そうそう。この地域の風景が特徴的だったから，写真を撮ったよ！　一緒に送るね。

ようこ

メッセージの送信者：ようこ　送信日：7月15日

評価事例

Bと評価する例	Aと評価する例
適当といえる。 　イの土地は，冬の気候から床を地面から離す必要があるし，送ってきた写真を見ると，寒い地方の植物が写っているから。	適当といえる。 　イの土地では，冬の気候から，建物の中で暖房を使っていると，永久凍土が溶けて，建物が傾いてしまうおそれがあるため，床を地面から離す必要がある。それに，送ってきた写真を見ると，寒い地方に広がる針葉樹林であると判断できるから。

評価（判断）の理由
・寒い地域で建物が高床となっている理由を正しく表現し，なぜそのように判断したのかを説明している場合はA評価とする。 ・冬の気候から高床であること，寒い地方の植生であることについて，一つでも触れられていればB評価とし，写真の植生を正しく読み取り，気候の面から考察を行っていればA評価とする。

Cの学習状況に対する指導・支援の手だて
・「適当ではない。暑いといってるし，床が高いから暑い地域だと思う」のような説明に終始している場合，文章から，寒い地域の気候であるということを正しく読み取ることができず，誤った理解をしていると判断し，C評価とする。 ・C評価となる記述を防ぐためにも，学級全体に「建物の特色」と「植生」について詳しく書くよう指導する。

世界の諸地域

単元の学習課題　世界の国や地域のそれぞれの特色とそこでみられる課題について考察し，レポートにまとめよう

学習前の生徒の状態と先生の願い

世界で起こっている環境問題って，地球温暖化のことだよね？　自分にできることなんてあるのかな。

世界の地域の特徴と課題について，問題を論じるだけでなく，自分に何ができるかを主体的に考えられるようになってほしい。

単元の特徴

　世界にはさまざまな課題があるが，同じ課題でも地域によって現れ方，背景にあるものが異なる。「環境問題」を例にとると，オーストラリアとブラジルでは，起きている問題も，原因も違っている。世界の各州の地域的特色やそこでみられる地球的課題と地域的特色の関係を理解することが目標である。

評価のポイントとなる2場面と指導の手だて

　「環境問題とは，二酸化炭素が増えて起こる地球温暖化のことだ」というように，一律で考えてしまう生徒もいる。そこで，場面1では，アフリカ州の経済発展を主題に，自然環境と社会環境がアフリカの経済にどのような影響を及ぼしているかを学習し，場面2で，単元を通して，世界にはさまざまな環境問題があることを学んだうえで小レポートを課し，「なぜ，その地域でその問題が起こっているのか」ということを主体的に追究できているかを見取る。

指導と評価の計画

次	学習の流れ （◎）学習内容　　（・）学習活動	おもな評価規準 ●：学習改善につなげる評価 ○：評定に用いる評価
1	◎事前課題 ・世界にはどのような課題があるのか，考察して表現する。	主● 世界の諸地域について，よりよい社会の実現を視野に，そこでみられる地球的課題を主体的に追究しようとしている。
2	◎アジア ・なぜアジアは植民地支配を受けていたのに経済発展を遂げている国が多いのかをまとめ，発表する。	知● アジアの経済発展によって人々の生活に訪れた変化を理解している。 思○ アジアの経済発展の要因や影響について，地理的な見方・考え方を活かしながら多面的・多角的に考察し，表現している。
3	◎ヨーロッパ ・なぜヨーロッパは国家統合をめざしたのか，記述する。	知● ヨーロッパ統合による産業のしくみや人々の生活に訪れた変化を理解している。 思● ヨーロッパでみられる経済格差の要因や影響について，地理的な見方・考え方を活かしながら多面的・多角的に考察し，表現している。
4	◎アフリカ【評価場面❶】 ・なぜアフリカに「先進国」が生まれにくいかを自然環境から考え，記述する。	知● アフリカの経済が，地域的特色の影響を受けていることを理解している。 思○ アフリカに先進国が成立しにくい理由を，自然環境と社会環境の側面から考察し，表現している。
5	◎北アメリカ ・なぜ，アメリカは世界一の経済大国となったのか図にまとめ，発表する。	知● 北アメリカの産業構造が，地域的特色の影響を受けていることを理解している。 思○ 北アメリカでみられる産業構造について，地理的な見方・考え方を活かしながら多面的・多角的に考察し，表現している。
6	◎南アメリカ ・なぜ，ブラジルは新都ブラジリアを建設することになったのか記述する。	知● 南アメリカの開発が，地域的特色の影響を受けていることを理解している。 思○ 南アメリカでみられる開発の構造と影響について，地理的な見方・考え方を活かしながら多面的・多角的に考察し，表現している。
7	◎オセアニア ・なぜ，オーストラリアがアジア諸国との貿易を増やしたか図表などを用いてまとめる。	知● オセアニアの多文化社会が，地域的特色の影響を受けていることを理解している。 思● オーストラリアの貿易相手国が変化した要因と影響を，諸資料をもとに多面的・多角的に考察し，表現している。
8	◎単元のまとめ【評価場面❷】 ・世界にはどのような課題があるのか，考察してレポートにまとめる。	主○ 世界の諸地域について，よりよい社会の実現を視野に，そこでみられる地球的課題を主体的に追究しようとしている。
テスト	・授業の学習活動について，問いをどのように解決するかを考察し，述べる。 例）　問：オーストラリアが，アジア諸国との貿易を増やしたことを読み解くには，どの資料を根拠とすればよいか，選びなさい。	知○ 世界の各州に暮らす人々の生活をもとに，各州の地域的特色を大観し理解している。

評価場面❶（第4次）
なぜアフリカに「先進国」が生まれにくいかを自然環境から考え，記述する

おもな学習活動と授業づくりのポイント

　本次は，「アフリカ州と経済発展」という主題で授業を構成する。ポイントとなる視点は自然環境，社会環境の2点である。この2つの視点から，アフリカ州が経済発展しにくい背景を考察し，表現することをねらった授業とする。第2次でのアジア州の学習で，「アジア州の経済発展の要因の一つは，豊富な労働力（人口）を有していること」といった内容を学習している。アフリカ州全体で，人口が10億人を超えており，人口増加率が高いのにもかかわらず，「先進国」に分類される国がない。このアジア州との違いが生まれる理由を，自然環境と社会環境の視点から考察し，表現することを目標とした授業である。自然環境に関しては，「アフリカ州は，その面積の大半が熱帯地域と砂漠地域であり，また平均標高も高く，低地が少ない。そのわずかな低地も，砂漠に覆われている地域がほとんどで，生活が困難な地域が多い」と，理解することを目的とする。社会環境に関しては，「アフリカ州はヨーロッパ列強の植民地支配を受けており，その影響で，旧宗主国への輸出に頼るモノカルチャー経済となっている国がある。一次産品の生産であるので，天候や他国との関係の影響で産出量・輸出量が不安定で，収入が安定しないという問題をはらんでいる。そして，生産された一次産品は加工して付加価値をつけることなく輸出されるため，生産者の収入が少ないという問題もある」と，理解することを目的とする。

　自然環境・社会環境の両方を一度に考えるのではなく，1つ目の問いを自然環境，2つ目の問いを社会環境と順を追って考察することで，生徒の混乱を防ぎたい。本課題では1つ目の問いとして，自然環境の視点から地域の特色について考察を行う。

評価規準と評価課題

知識・技能	思考・判断・表現	主体的に学習に取り組む態度
● アフリカの経済が，地域的特色の影響を受けていることを理解している。	○ アフリカに先進国が成立しにくい理由を，自然環境と社会環境の側面から考察し，表現している。	

評価課題の例

　なぜ，アフリカは人口が増加しているのに，「先進国」が成立しにくいのだろう？　まずは自然環境の視点から資料1，資料2，地図帳を根拠に考えてみよう。

資料1　大陸別の標高区分面積割合（%）と平均高度

標高区分	アジア	ヨーロッパ	アフリカ	北米	南米	オーストラリア	南極	全大陸
<200m	24.6	52.7	9.7	29.9	38.2	39.3	6.4	25.3
200-500m	20.2	21.2	38.9	30.7	29.8	41.6	2.8	26.8
500-1000m	25.9	15.2	28.2	12.0	19.2	16.9	5.0	19.4
>1000m	30.4	7.0	23.2	27.4	12.8	2.2	85.8	28.5
平均標高(m)	960	345	750	720	590	340	2200	875

JICA報告書（2001），地理統計要覧（2000）をもとに作成

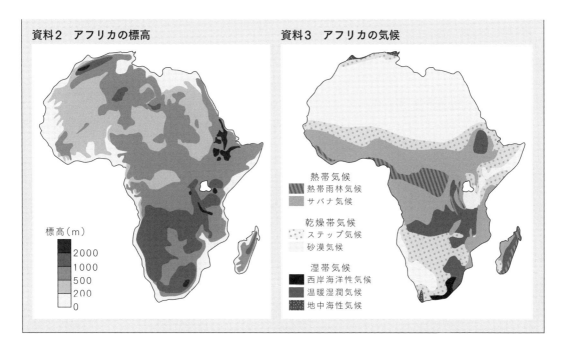

資料2　アフリカの標高

標高（m）
2000
1000
500
200
0

資料3　アフリカの気候

熱帯気候
熱帯雨林気候
サバナ気候

乾燥帯気候
ステップ気候
砂漠気候

温帯気候
西岸海洋性気候
温暖湿潤気候
地中海性気候

評価事例

Bと評価する例	Aと評価する例
アフリカは熱帯雨林やサハラ砂漠などの暮らしにくい地域が多いから。	アフリカの国土の大部分は熱帯・乾燥帯で、人口が集まりやすい低地も少なく、少ない低地のほとんどが砂漠となっていて、人々が生活するのが困難な地域が多い。

評価（判断）の理由

・以下の2点のうち、1点以上に言及できていればB評価、どちらにも言及して、さらに自然環境について十分理解したうえで地図から情報を有機的に組み合わせて表現できていると判断できるものはA評価とする。

・熱帯、乾燥帯の土地が多いこと。

・低地が少なく、そのほとんどが砂漠であること。

Cの学習状況に対する指導・支援の手だて

・「アフリカは砂漠が多い」「アフリカは標高が高いところが多い」などのように、資料から読み取った情報を記述するに留まり、一つの側面を深く追究しようとせずに表現しているものはC評価とする。

・この後も世界の諸地域の学習は続くので、「砂漠が多いとどんなことが困るのだろう？」などと支援の追質問をすることにより、「砂漠が多いと、生活することがむずかしい」といった答えを導き出す手助けを行う。

・授業者で学習班を構築し、A評価の記述を満たしている生徒と同じ班を組んで一つの州について学ばせることも、C評価の生徒を援助することとなるだろう。

評価場面❷（第8次）
世界にはどのような課題があるのか，考察してレポートにまとめる

おもな学習活動と授業づくりのポイント

　アジア，ヨーロッパ，アフリカ，北アメリカ，南アメリカ，オセアニアと，世界の諸地域の学習を終え，「世界の問題について小レポートを書く」という単元末の課題に取り組む授業とする。取り扱う「問題」は，人種問題や紛争・戦争，資源・エネルギーなど，おもに各地域で学習した内容である。前述のとおり，地域によって問題の現れ方は異なる。例えば「環境問題」を取り上げるにしても，グレート・バリア・リーフのサンゴ白化問題と，サヘルの拡大とでは，原因・背景は異なる。

　問題の原因や背景を論じるだけではなく，持続可能な社会づくりに向けて，「私たち（社会）」はどんな仕組みをつくったり変えたりしたらよいか，また，「私（生徒自身）」はどんな行動をとればよいか，ということを書くことで，地球社会を構成する一員として，主体的に追及しているかどうかを見取る。

評価規準と評価課題

知識・技能	思考・判断・表現	主体的に学習に取り組む態度
		○　世界の諸地域について，よりよい社会の実現を視野に，そこでみられる地球的課題を主体的に追究しようとしている。

評価課題の例

　世界にある問題について，以下の①〜③の条件を踏まえながら書きなさい。
①これまで学習した中から，州を1つ以上取り上げ，その州にある問題と，その原因や背景について説明しなさい。
②その問題をどのように解決して，持続可能な社会をつくっていくか，書きなさい。
③そのためにあなたはどんな行動をとるべきか，書きなさい。

【取り上げる問題の例】
　・人種問題　・経済格差　・資源，エネルギー　・宗教　・環境問題　・紛争，戦争
　・移民　・貧困　・都市問題

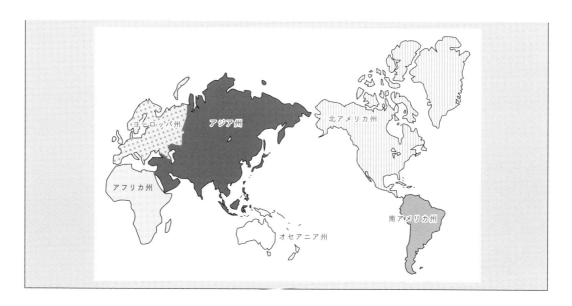

評価事例

Bと評価する例	Aと評価する例
地域:**オセアニア州** 扱う問題:**環境問題, 資源・エネルギー** 　現在, 石油が多く使われている。石油は日本のようにほとんどとれない国や, 中東のように多くとれる国があり, 世界の不平等のもととなっている。石油を燃やすと二酸化炭素が多く出るので, 地球温暖化にもつながる。例えば, オーストラリアのグレート・バリア・リーフでは, 海水温上昇により, サンゴが白化するという現象が起きている。また, 石油を加工するとプラスチックになるが, 海洋プラスチックごみの増加にもつながり, 自然を壊すことにつながる。私たちはできる限りプラスチック製品を使わない方がいいので, レジ袋はなるべくもらわないようにする。	地域:**オセアニア州, アジア州** 扱う問題:**環境問題, 資源・エネルギー** 　20世紀になって, エネルギー革命によって, 石油が多く使われるようになった。石油は中東諸国や米国で多く生産されているが, 産油国に偏りがある。そのため, 外交の交渉に利用されたり, 価格が不安定になったりする。また, 石油を加工したプラスチック製品が, 海洋ごみとなり, それをグレート・バリア・リーフのサンゴが食べてしまうという問題にもつながっている。以上のことから, 脱石油, 脱プラスチックのためにも, 飲料メーカーは, ペットボトル飲料から再生紙などを利用したパック飲料へと生産を切り替えるべきだ。私も, ペットボトル製品をなるべく買わない, マイボトルを持ち歩く, などの行動を心がけるようにする。

評価（判断）の理由

・①〜③の条件のうち, 2点を満たしたものをB評価, すべてを満たしたものをA評価とする。

・上記B評価の文章は, ②は満たしていない（よりよい社会の実現を視野に, そこでみられる地球的課題を主体的に追究するためには, ②・③の両方に言及することが不可欠である）。

・上記A評価の文章からは, 社会のあり方と, 自分の行動のどちらかだけを変えるだけでなく, 「生徒が参画する社会のあり方」と「社会の一員である生徒の行動」のどちらも変えようとしていることを見取ることができる。

Cの学習状況に対する指導・支援の手だて

・「課題は多いから, 一つずつ取り組む必要がある」のように, 具体性を含めずに書いてしまう生徒には, 地球的課題とされている分野（環境問題, エネルギー問題など）を事前に提示したり, SDGsの17の目標を示し, 「どれについてなら書けそうかな？」などの支援を行ったりすることで, 文章を書く足がかりとなるよう支援する。

・ステップチャートなどの図を用いて, 「課題発見」→「課題の背景」→「どうしたら解決できそうか」と, 一つずつ順を追って骨子を考えることも必要に応じて行う。

地域調査の手法

単元の学習課題　私たちが学ぶまちにはどのような特徴があるのだろうか。仮説を立て調査し，発表しよう

学習前の生徒の状態と先生の願い

生徒：この地域のことはだいたい知ってるし，わざわざ勉強する必要ないよ。

先生：この単元を暗記や作業ではなく，地理的に調査を行い結果を考察して表現する，探究学習の力を養う機会としてほしい。

単元の特徴

　「地域調査の手法」は，ともすれば地図記号を覚えさせたり，地形図の読み取りをさせたりするだけに終わり，生徒が実際に地域を調査しないままであることが多い。この授業は，地域を調査させながら，地形図や主題図を読み取り，あるいは作成する技能を養い，調査の結果を考察し，表現する力を養うことをめざす単元である。

評価のポイントとなる2場面と指導の手だて

　場面1では，地域に関する問いを設定し，仮説を立てる。場面2では，問いに対する調査結果をまとめる作業をすることで，評価を行う。

　探究するのにふさわしい，「答えまでの距離が遠い問い」を立てられているか，ということを場面1で評価し，その問いを正しい手法と適切な根拠をもとに探究できているか，ということを場面2で評価することで，探究学習の手法を取り入れた単元となる。

指導と評価の計画

次	学習の流れ		おもな評価規準
	（◎）学習内容　　（・）学習活動		●：学習改善につなげる評価 ○：評定に用いる評価
1	◎川西市を探究するためのテーマを選定し，問いを決める ・①自然・防災，②人口・都市，③産業，④交通，⑤歴史の5つの視点から，小集団ごとにテーマを決定する。 ・決定したテーマについての問いと仮説を立てる。【評価場面❶】		主○　地域調査の手法について，よりよい社会の実現を視野に川西市でみられる課題を主体的に追究しようとしている。
2	◎調査項目と調査方法を決め，調査を行う ・ハザードマップや，国土地理院の地図，自治体が発行した統計資料やパンフレット等を活用したり，フィールドワーク，インタビューを行ったりして，問いを明らかにするための調査を行う。		知●　観察や野外調査，文献調査を行う際の視点や方法，地理的なまとめ方の基礎を理解している。
3	◎調査結果をまとめる ・調査したことを白地図や，プレゼンテーションソフトでまとめる活動を行う。 ・問いを明らかにする考察を行い，客観的な資料を用いて発表原稿を作成する。【評価場面❷】		思○　地域調査において，川西市の特徴などに着目して，適切な主題や調査，まとめとなるように，調査の手法やその結果を多面的・多角的に考察し，表現している。
4	◎調査結果を発表する ・調査結果を小集団ごとに発表する。 ・振り返りを行う。		
テスト	・単に一問一答のように，地図記号を問うたり，地図上の長さが実際どれくらいの長さか問うたりするだけでなく，実際に生徒が使用した川西市の地形図を利用して，土地利用の方法や，ターミナル駅までの距離を問う。		知○　地形図や主題図の読図，目的や用途に適した地図の作成などの地理的技能を身につけている。

評価場面❶（第1次）
決定したテーマについての問いと仮説を立てる

おもな学習活動と授業づくりのポイント

　本次は，地域調査の導入部分であり，最も重要な問いと仮説の設定を行う時間である。①自然・防災，②人口・都市，③産業，④交通，⑤歴史の5つの視点から，テーマを設定し，探究に値する問いを設定する。例えば，兵庫県川西市は，大阪市のベッドタウンとして繁栄したこと，イチジクや桃などの特産品があること，清和源氏の本拠地であったことなどの特徴があげられる。

　このように，学校があるまちから，調査しやすいテーマを4人の小集団ごとに決定し，インターネットなどですぐに答えがわかる問いではなく，文献やインタビュー，フィールドワークなどで調査しないとわからない問いを設定する。川西市のようなベッドタウンや，過疎・過密，人口減少が課題となっているまちなら②人口・都市の視点が，工業都市や独自の産業が発展しているまちなら③産業の視点などが調査しやすいだろう。

　また，問いを表現する際には，「なぜ川西市は……のに，〜なのだろう？」と，原因・背景を問う形の問いや，近隣都市と比較させ，「なぜ伊丹市は……なのに，川西市は〜なのだろう？」といった問いを設定すると，質の高い調査ができることを伝えることが望ましい。

評価規準と評価課題

知識・技能	思考・判断・表現	主体的に学習に取り組む態度
		○　地域調査の手法について，よりよい社会の実現を視野に川西市でみられる課題を主体的に追究しようとしている。
評価課題の例			

　以下の①〜⑤のテーマで川西市を調査します。以下の手順で「なぜの問い」を設定し，「問いに対する予想」を立てましょう。

　①自然・防災
　　地形や，川の場所，山の位置・高さ，自然災害など
　②人口・都市
　　人口分布や人口の変化，世帯別人口，年齢別人口，市街地，ニュータウンなど
　③産業
　　おもな農業，農地の分布，市場のはたらき，工場立地，商業施設など
　④交通
　　おもな交通網，道路の位置，鉄道利用，高速道路など
　⑤歴史
　　伝統的な料理，伝統行事，市の歴史，過去と現在の変化など

- 手順1：4人1チームの小集団ごとに，テーマを選びましょう。
- 手順2：テーマに対する1人5個〜10個の疑問を見つけましょう。
- 手順3：個人で一つ，インターネットなどで簡単に調べても見つかりにくい「なぜの問い」
　　　　を設定しましょう。「なぜ…のに，〜なのだろう？」といった問いが深く調査でき
　　　　ます。
- 手順4：問いに対する予想（探究活動では「仮説」といいます）を立てましょう。

例）テーマ：③産業
　　問い　：なぜ川西市北部には工場が少ないのに，川西市南部には工場が多いのだろう？
　　仮説　：交通が便利だから。

評価事例

Bと評価する例	Aと評価する例
テーマ：⑤歴史	テーマ：②人口・都市
問い：なぜ川西市の市花はリンドウなのだろう？	問い：なぜ川西市北部の土地の価格は下がっているのに，南部は上がっているのだろう？
仮説：たくさん咲いているから。	仮説：北部は高齢化が進んで，人口が減ったから。

評価（判断）の理由

- 「なぜ？」の問いを設定することができていればB評価とする。

　B評価の例では，市のホームページに「昔川西をひらいた源氏が旗印にササリンドウを使用していたので，市花として最適であるという意見が多かったことによる」と記載されており，探究活動は行いにくいため，わかったことから新たな疑問を見つけるよう支援する。

- 探究に値する問いを設定することができていればA評価とする。

　これから自分で調査を進めていくことがふさわしい課題であるか，また，調査の中で粘り強く方法を模索したり，結果を考察したりすることができるA評価のような問いが，本単元の問いとしてふさわしいと考えられる。

Cの学習状況に対する指導・支援の手だて

- 「なぜ」を設定できない生徒に対しては，「日常生活で，なんで？　と思うことはある？」「『なぜ川西市は〜だろう？』の『〜』を埋めてみよう」などと支援を行い，問いを立てることを促す。それでもむずかしい生徒には，「人の数や電車・バス，店などに注目してみよう」などのヒントを与える。

- チームで問いに対するフィードバックを行ってもよいだろう。例えば，付箋に相手の立てた問いに対するコメントを書き，渡すことで，問いを客観的にみることができる。また，自分の問いを再評価することにもつながる。

評価場面❷（第3次）
問いを明らかにする考察を行い，客観的な資料を用いて発表原稿を作成する

おもな学習活動と授業づくりのポイント

　前次までの調査等を踏まえ，本次では調査結果をまとめる時間とする。選んだ問いにより，まとめ方は異なってくる。例えば，人口をテーマにしたチームは白地図にまとめて，歴史をテーマにしたチームはスライドや紙芝居でまとめる，といった違いが現れるだろう。ここでのポイントは，「美しくまとめる」ことばかりを評価の基準とせず，適切に調査を行い，自分なりの結論を出した内容を適切にまとめられているか，ということを評価の対象とすることである。いくら白地図やスライドが見やすくまとめられていても，肝心の中身が伴わないと調査の意味がなくなってしまう。調査の意義がある問いを立てられていて，観察や文献調査などを正しく行うことができていれば，自ずとよいまとめ方ができるはずである。

　意味のある調査活動にするためにも，第1次できちんと問いを立てる指導をすることが重要である。また，小手先だけの調査とならないように，インターネットを使う際の注意点や，学校の図書室や地域の図書館で文献を探す方法を，指導する必要がある。本次は，地理的にまとめたことを，生徒一人一人が発表原稿としたものを評価の対象とする。

評価規準と評価課題

知識・技能	思考・判断・表現	主体的に学習に取り組む態度
	○ 地域調査において，川西市の特徴などに着目して，適切な主題や調査，まとめとなるように，調査の手法やその結果を多面的・多角的に考察し，表現している。	

評価課題の例

　調査した結果を白地図やスライド，紙芝居などにまとめるとともに，発表原稿をまとめましょう。

【発表原稿に必要なもの】
　①　自分たちの班のテーマと，個人の問い，仮説を書く。
　②　問いと仮説を明らかにするために行った調査を書く。【根拠】
　③　調査した結果，問いに対する考察を書く。【結論】

66

評価事例

Bと評価する例	Aと評価する例
発表原稿）テーマ：③産業 問い：なぜ川西市北部には工場が少ないのに，川西市南部には工場が多いのだろう？ 仮説：交通が便利だから。 調査方法：地理院地図 　川西市の地図を地理院地図でみると，南部の方が，人が住んでいるからだと思う。	発表原稿）テーマ：③産業 問い：なぜ川西市北部には工場が少ないのに，川西市南部には工場が多いのだろう？ 仮説：交通が便利だから。 調査方法：地理院地図 　川西市の地図を地理院地図でみると，南部の方には部品工場が点在している。さらに，縮尺の大きい地図をみてみると，隣の池田市に自動車の本社工場があった。また，南部の工場と本社工場との間には，大きな道路が通っている。このことから，自動車工場の近くである川西市南部で，自動車の部品を作り，それを隣の池田市にある自動車工場へ輸送し，組み立てているということが読み取れた。

評価（判断）の理由

・地理院地図や自治体の統計資料などの客観的な資料を使い，調査を行っている場合をB評価とする。

・地理院地図等を用いて主題図等にまとめ，位置や分布などの見方で考察することができている場合をA評価とする。

・A評価のように正しい手順で調査を行える生徒はそれほど多くない。そのため，授業者から調査方法をいくつか提案するなどの全体支援を行うことで，生徒がよりよい調査を行うことが期待できる。

・主題図やスライドは探究，発表をスムーズに行うための一手段となっているかを評価する。

Cの学習状況に対する指導・支援の手だて

・調査の手段がわからず，単にインターネットで検索して調査を終える，という生徒もクラスの中には少なからずいる。そのような生徒には自治体の統計資料や，文献で調査をする前に，まずは地図を参照させることから始めたい。

・地図をみて，「気になることはないかな？」「おや？　と思うところを探そう」といった授業者の支援により，問いに対して地理的な見方を働かせて，調査を行えるよう促す。

・調査はがんばっていたが，発表原稿が不十分だった状況の生徒，最後まで問いや追究を深めることができなかった状況の生徒に対しては，教師からのフィードバックをコメントの形で書き，「この部分をもう少し○○で調べてみよう」などのアドバイス，「ここは何でこうなるの？」などと，個人的に問答をやりとりしながら完成に近づけていきたい。

日本の地域的特色と地域区分

単元の学習課題　さまざまな視点から日本の地域区分を行おう

学習前の生徒の状態と先生の願い

生徒

北海道や東北は寒くて，沖縄は暑いイメージがあるけど，他の日本の地域の気候は大体どこも同じじゃないかな。

多様な観点から日本の地域に共通した性質を見いだし，地域は一定ではなく複数の視点から分けることができるといった概念的な理解ができるようになってほしい。

先生

単元の特徴

　日本の地域的特色をより一層明確に理解するために，日本がさまざまな特色ある地域の集合体であるという視点に立って①自然環境　②人口　③資源・エネルギーと産業　④交通・通信の学習を通して地域区分を行う。そのうえで日本全体としての特色を見いだし，実際に地域区分を行うことで，日本の地域的特色が見いだしやすくなるといった，「地域区分」の意味や意義を理解できるようにする単元である。

評価のポイントとなる2場面と指導の手だて

　本単元を指導するにあたって，「日本の川は，外国に比べて短くて急である」「日本は資源を輸入に頼っている」といった浅い学びに留まってしまいがちである。これは，地理的な見方・考え方を活用せずに，教師が単なる地理的事象を伝達しただけであることが要因である。そうならないためにも，場面1では，2つの地域を比較し，特色に着目する力を養い，場面2では実際に自分で地域の区分を分けて考える力が付いたかを見取る。

指導と評価の計画

次	学習の流れ (◎) 学習内容　(・) 学習活動	おもな評価規準 ●:学習改善につなげる評価 ○:評定に用いる評価		
1	◎日本の自然環境 ・日本の地域ごとに気候が異なる要因を図から読み取り，述べる。【評価場面❶】 ・日本の災害と防災への取り組みを図でまとめる。	知○　日本の地形や気候の特色，海洋に囲まれた日本の国土の特色，自然災害と防災への取り組みなどをもとに，日本の自然環境に関する特色を理解している。	思●　それぞれの地域区分を，地域の共通点や差異，分布などに着目して，多面的・多角的に考察し，表現している。	
2	◎日本の人口 ・日本の人口における諸課題を主題図や人口ピラミッドなどを活用し，100字程度で記述する。	知●　少子高齢化の課題，国内の人口分布や過疎・過密問題などをもとに，日本の人口に関する特色を理解している。		主○　日本の地域的特色と地域区分について，よりよい社会の実現を視野にそこでみられる課題を主体的に追究しようとしている。
3	◎日本の資源・エネルギーと産業 ・日本の資源・エネルギーの利用について，さまざまな資料データを根拠に，トゥールミン・モデルを用いて自分の意見を構築する。 ・日本の産業の動向をその変化の過程に着目しながら，地図にまとめる。	知●　日本の資源・エネルギー利用の現状，国内の産業の動向，環境やエネルギーに関する課題などをもとに，日本の資源・エネルギーと産業に関する特色を理解している。		
4	◎日本の交通・通信 ・日本の交通・通信における特色について，グラフやデータを根拠に100字程度で記述する。 ・日本国内と世界との結びつきの特色をグラフやデータを根拠に100字程度で記述する。	知●　国内や日本と世界との交通・通信網の整備状況，これを活用した陸上，海上輸送などの物流や人の往来などをもとに，国内各地の結びつきや日本と世界との結びつきの特色を理解している。		
5	◎日本の地域区分 ・日本を複数の視点から分ける。【評価場面❷】	知○　地域区分に着目し，わが国の国土の特色を大観し理解している。		
テスト	・主題図を用いた，「Aさんは次のように日本を2つの地域に分けた。何によって分けたと考えられるか」のような問題から，単元で学習した見方・考え方を活用して考察し，述べる。	知○　日本や国内地域に関する各種の主題図や資料をもとに，地域区分をする技能を身につけている。 思○　日本の地域的特色を，地域区分などに着目して，それらを関連づけて多面的・多角的に考察し，表現している。		

おもな学習活動と授業づくりのポイント

　本次は，「なぜ同じ日本なのに，地域によって気候が違うのだろう？」を主発問とする。本次は，日本の地域ごとに気候を決定する要因となるものは何か，それにより，どのように地域を区分することができるか，ということをねらった授業である。小学校の社会科では，「地域や時期によって気温や降水量が変わるなど気候の違いや変化について調べる」ことは終えているため，中学校では，上記主発問のように，南北や日本海側と太平洋側，内陸と臨海部などの気候の違いを読み取り，気候で地域を分けることを目標とする。

　日本の気候を決定する要因として，季節風と地形が大きな役割を担っている。それを踏まえたうえで，「日本海側は北西季節風の影響で，冬の降水量が多くなり，太平洋側は季節風の風下になるから，降水量は少ない」といった記述を評価として見取ることができる。そのためにも，「なぜ日本海側は冬に雪が多いのだろう？」などのような補助発問を行うことが好ましい。また，表にまとめて整理しながら学習を進めると，求めたい記述を導きやすいと想定される。

評価規準と評価課題

知識・技能	思考・判断・表現	主体的に学習に取り組む態度
○　日本の地形や気候の特色，海洋に囲まれた日本の国土の特色，自然災害と防災への取り組みなどをもとに，日本の自然環境に関する特色を理解している。	●　それぞれの地域区分を，地域の共通点や差異，分布などに着目して，多面的・多角的に考察し，表現している。	

評価課題の例

　なぜ同じ日本なのに，地域によって気候が違うのだろう？

①なぜ北海道と沖縄とでは，気候が違うのだろう？
②なぜ日本海側と太平洋側とでは，気候が違うのだろう？

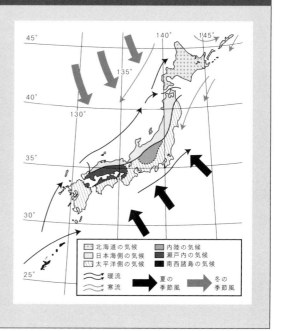

評価事例

Bと評価する例	Aと評価する例
①北海道は北にあって沖縄は南にあるから。 ②季節風の影響。	①北海道は高緯度にあり，沖縄は低緯度に位置しているため。 ②冬は大陸から北西の季節風が吹き，山地にぶつかって日本海側に雪を降らせ，夏は太平洋から南東の季節風が吹き，雨が多くなるので。

評価（判断）の理由

・①について，北海道が沖縄より北にあるという点に言及できていればB評価とする。さらに北海道と沖縄を緯度という「位置」を用いて正しく表現していればA評価とする。

・②について，季節風の影響に言及できていればB評価とする。さらに季節風の向きと性質に触れることで，「その地域がなぜそのような気候となるか」ということを表現していればA評価とする。

Cの学習状況に対する指導・支援の手だて

・クラスの中には，地理的な見方・考え方が養われていない生徒もいる。①②といった補助発問を活用することで，課題への理解が期待できる。

・①においては，4月の北海道と沖縄の服装や積雪の様子がわかる写真を見せたり，地図帳・地球儀等で北海道と沖縄の位置の違い，あるいは，地域を広げて，前単元で学習したように北極圏と赤道付近の比較を確認することで，緯度の違いという視点で生徒が考えることができるよう，支援を行う。

・②においては，季節風と降水の様子を図で表すことで理解を促すことができる。

おもな学習活動と授業づくりのポイント

　本次は，単元のまとめとして，①自然環境，②人口，③資源・エネルギーと産業，④交通・通信の4つの視点から，地図を用いて日本の地域区分を行う。この授業では，「地域は，一定ではなく，区分の仕方（指標）によって異なり，共通した性質の地域が分布する」といった概念的な理解を導き出したい。例えば，人口の多い／少ない地域，水力発電所の多い／少ない地域，東京23区へ電車で1時間以内で行ける地域／行けない地域，などといった指標で地域区分を行うことができる。視点に基づいた地域区分を行うことで，日本がどのような地域的特色をもっているか，ということを理解しやすくなる。

　また，本次は4人を1チームとした小集団活動を取り入れたり，3人1チームの知識構成型ジグソー法による授業を取り入れてもよいだろう。単元末の主発問として，「日本の地域には，どのような共通した性質があるのだろうか？」といった問いがふさわしい。A：人口　B：産業　C：交通のように役割を分担したエキスパート活動などを行い，地域区分をすることで，上記の「地域は一定ではなく，分け方により，さまざまな地域が現れる」といった概念的理解へと導くことができるだろう。本評価課題ではチーム発表後の個人活動（⑤）を評価対象とする。

評価規準と評価課題

知識・技能	思考・判断・表現	主体的に学習に取り組む態度
○　地域区分に着目し，わが国の国土の特色を大観し理解している。		

評価課題の例

　日本の地域には，どのような共通した性質があるのだろうか？　標高別に色分けされた日本地図をもとに3人チームで，A〜Cの役割で考えてみよう。

　　A：人口の視点で地域を分けて考えよう
　　B：産業の視点で地域を分けて考えよう
　　C：交通の視点で地域を分けて考えよう

　①個人で考える
　②役割ごとに考える
　③A・B・Cを役割分担し，3人チームで考える
　④各チームの発表を行う
　⑤再度，個人で考える

標高
■　〜200m
□　200m〜600m
▨　600m〜1000m
■　1000m〜

標高別に色分けされた日本地図

評価事例

Bと評価する例	Aと評価する例
日本では，低地に人口が密集している。産業は，さまざまな産業が分布している。交通網も日本全国に広がっていて，どこへでも行きやすい。	日本では，おもに標高200m以下の低地に人口が密集している。そこでは，多くの人や情報が集まるため，農業ではなく工業やサービス業が発展している地域が多く，鉄道が多く走っていたり，国際線がある空港があったりと，交通網が発展している。

評価（判断）の理由

・日本の地域における共通した性質について言及できていればB評価とする。

・「人口の視点から考えると，臨海部の低地に人口が集まっている」という理解，「産業の視点から考えると，臨海部の低地は工業やサービス業が集まっている」という理解，「交通の視点では，臨海部の低地，おもに三大都市圏では，交通網が発達している」という3つの視点を有機的に組み合わせ，正しく問いに答えるような表現ができていればA評価とする。

・有機的に組み合わせて表現することは，容易ではない。そのため，3つの視点を単につなぎ合わせたものでも「おおむね満足できる」と判断し，B評価を与える。

Cの学習状況に対する指導・支援の手だて

・「近畿や関東のように，近くの都道府県という共通点がある」のような捉え方は，単に，都道府県のまとまりという形で地域区分を行っており，単元の学習内容とは合致しない。そういった認識のずれを起こさないためにも，第1次〜第4次で，都道府県や市町村という行政区分を超えて，指標によって地域の分け方は変わる，といった理解を養う必要がある。

・自分の担当する視点や，チームで話し合った視点も参考にするよう支援を行う。

日本の諸地域

日本の各地域では，どのように持続可能な社会をつくっていこうとしているのだろうか。その地域における地理的事象の特徴をもとに考えをまとめよう

学習前の生徒の状態と先生の願い

生徒
気候が似ている地域は，どこも同じような生活をしているんじゃないかな。

先生
降水量や土壌など，複数の観点に着目して，そこで生ずる課題とその土地の人々の努力を多面的・多角的に考察し表現できるようになってほしい。

単元の特徴

　本単元では，特に「地域」や「空間的相互依存作用」などの視点を働かせて，その地域における特徴的な地理的事象を考察，表現することが重要である。

評価のポイントとなる2場面と指導の手だて

　場面1と場面2は，「自然環境」という同じ視点で地域を学習する。そのなかで，場面1では，火山や台風，大雨などの自然災害が多い九州地方で，人々が自然環境とどのようにかかわり合いながら生活しているかを資料から推察する。場面2では，これまでの学びを生かし，自然の制約を受けるだけでなく，自然を改変しながら，人々が生活してきたということを人々の努力という点から考え，まとめる。

指導と評価の計画

次	学習の流れ		おもな評価規準
	（◎）学習内容　　（・）学習活動		●：学習改善につなげる評価 ○：評定に用いる評価
1	◎九州地方 ・九州地方の自然環境が，人々の生活に与えている影響を図表をもとに考察し，説明する。【評価場面❶】	思○	九州地方において，自然環境を中核に設定した事象の成立条件を，地域の広がりや地域内の結びつき，人々の対応などに着目して，他の事象やそこで生ずる課題と有機的に関連づけて多面的・多角的に考察し，表現している。
2	◎中国・四国地方 ・中国・四国地方の交通・通信が，人々の生活に与えている影響を100字程度で記述する。	思●	中国・四国地方において，人口や都市・村落を中核に設定した事象の成立条件を，地域の広がりや地域内の結びつき，人々の対応などに着目して，他の事象やそこで生ずる課題と有機的に関連づけて多面的・多角的に考察し，表現している。
3	◎近畿地方 ・近畿地方の文化と歴史が，人々の生活に与えている影響をステップチャートにまとめる。	思○	近畿地方において，人口や都市・村落を中核に設定した事象の成立条件を，地域の広がりや地域内の結びつき，人々の対応などに着目して，他の事象やそこで生ずる課題と有機的に関連づけて多面的・多角的に考察し，表現している。
4	◎中部地方 ・中部地方の産業が，人々の生活に与えている影響を白地図にまとめて文章で記述する。	思●	中部地方において，産業を中核に設定した事象の成立条件を，地域の広がりや地域内の結びつき，人々の対応などに着目して，他の事象やそこで生ずる課題と有機的に関連づけて多面的・多角的に考察し，表現している。
5	◎関東地方 ・関東地方の人口や都市圏が，人々の生活に与えている影響を白地図にまとめる。	思○	関東地方において，交通や通信を中核に設定した事象の成立条件を，地域の広がりや地域内の結びつき，人々の対応などに着目して，他の事象やそこで生ずる課題と有機的に関連づけて多面的・多角的に考察し，表現している。
6	◎東北地方 ・東北地方の文化と歴史が，人々の生活に与えている影響を学ぶ。	思●	東北地方において，交通や通信を中核に設定した事象の成立条件を，地域の広がりや地域内の結びつき，人々の対応などに着目して，他の事象やそこで生ずる課題と有機的に関連づけて多面的・多角的に考察し，表現している。
7	◎北海道地方 ・北海道地方の自然環境に対し，人々がどのように働きかけたかを考え，記述する。【評価場面❷】	思○	北海道地方において，自然環境を中核に設定した事象の成立条件を，地域の広がりや地域内の結びつき，人々の対応などに着目して，他の事象やそこで生ずる課題と有機的に関連づけて多面的・多角的に考察し，表現している。
テスト	・「本州四国連絡橋が開通したことで，どのような課題が生じているか，人口に着目して説明しなさい」のような問題から日本の諸地域の特色や課題を考察し，述べる。	知○	①自然環境，②人口や都市・村落，③産業，④交通や通信，⑤その他の考察の仕方で取り上げた特色ある事象と，それに関連する他の事象や，そこで生ずる課題を理解している。
		思○	日本の諸地域における地理的事象の成立条件を，地域の広がりや地域内の結びつき，人々の対応などに着目して，他の事象やそこで生ずる課題と有機的に関連づけて多面的・多角的に考察し，表現している。

評価場面❶（第1次）
九州地方の自然環境が，人々の生活に与えている影響を図表をもとに考察し，説明する

おもな学習活動と授業づくりのポイント

　日本の諸地域の学習において，単元のはじめ（第1次）に九州地方を設定した。九州地方では，自然環境を中核に設定して授業を展開する。生徒は，これまでの授業で，九州地方がどのような自然環境を有するかを学習している。また，これまでの地理の学習で，「人々は，自然環境の制約を受けたり，時には自然を改変したりしながら生活を送っている」といった見方を養っている。

　そこで，本次では，九州南部（ここでは鹿児島県，宮崎県を指す）は降水量が多いにもかかわらず，稲作ではなく畜産が農業産出額の1位部門となっていることを，自然環境の視点で考察し，表現する。九州南部は火山噴出物が堆積したシラス台地が広がっている。シラスは，水はけがよいため，作物の栽培には苦労が伴った。戦後に交通網が整備され，食の洋食化が起こったことも相まって，日本中で食肉需要が高まり，もともと家畜の飼育がさかんだった九州南部が，日本の食肉を支えることとなった，という見方を養う。また，畜産は，ブランド化したことにより付加価値をつけ，農業産出額が高くなっていることを，評価課題に取り組む時間までに，授業で取り扱う。

評価規準と評価課題

知識・技能	思考・判断・表現	主体的に学習に取り組む態度
	○　九州地方において，自然環境を中核に設定した事象の成立条件を，地域の広がりや地域内の結びつき，人々の対応などに着目して，他の事象やそこで生ずる課題と有機的に関連づけて多面的・多角的に考察し，表現している。	

評価課題の例

　九州南部は降水量が多いはずなのに，なぜ稲作ではなく畜産の農業産出額が高いのだろう？　自然環境と，戦後，日本に起こった変化に着目して，資料1〜5や学んだことを生かし，説明しなさい。

資料1　都道府県別の農業産出額
（単位:億円）

都道府県	農業産出額	1位部門	2位部門	3位部門
福岡	1,977	野菜 707	畜産 383	米 344
佐賀	1,219	野菜 343	畜産 342	米 227
長崎	1,491	畜産 532	野菜 471	果実 140
熊本	3,407	野菜 1221	畜産 1192	米 361
大分	1,208	畜産 430	野菜 351	米 187
宮崎	3,348	畜産 2157	野菜 681	米 173
鹿児島	4,772	畜産 3120	野菜 562	いも類 305
沖縄	910	畜産 397	工芸農作物 225	野菜 127

農林水産省（2022a）をもとに作成

資料2　1人あたりの年間食肉消費量（2020）

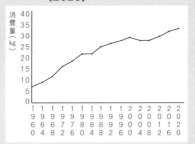

農林水産省（2022b）をもとに作成

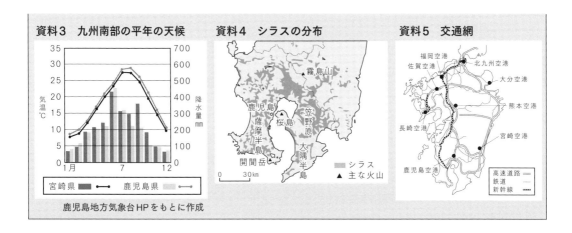

資料3 九州南部の平年の天候

資料4 シラスの分布

資料5 交通網

鹿児島地方気象台HPをもとに作成

評価事例

Bと評価する例	Aと評価する例
九州南部は、雨が多いけれど、農業に向かない土地だから、代わりに牛や豚を育てた。	九州南部は、降水量が多いけれど、火山から噴出したシラスが堆積している。シラスは、水はけがよいため、水を貯めにくく、米の栽培がしにくい。戦後、交通網が整備され、洋食が流行って肉が食べられるようになったことで、作物の栽培より牛や豚を育ててお金を稼ぐようになった。今では、ブランド化した肉が生産されているので、農業産出額が高くなっている。

評価（判断）の理由

①降水量は多いが、農業に向かない土地（シラス台地）が広がっている

②戦後に食の洋食化が起こり、食肉需要が高まった

③交通網が整備された

上記のうち、1点に言及できているものをB評価、2点以上に言及できているものをA評価とする。

Cの学習状況に対する指導・支援の手だて

・「資料1から何が読み取れる？」と、一つ一つの資料について、丁寧に順を追って読み取る支援を行うことで、資料から文章化できるようにする。

・「資料1から読みとれること」「資料2から読みとれること」のように、ワークシートに一つずつ項目を設けて、文章の形にすることができるように支援をする。

北海道地方の自然環境に対し，人々がどのように働きかけたかを考え，記述する

おもな学習活動と授業づくりのポイント

　九州地方と同じく，北海道地方では自然環境を中核とした授業づくりとする。九州地方では「自然環境に合った生活を行っている」といった概念理解をめざした。いっぽうで，北海道地方は，農業に適さない泥炭地や火山灰土が広がり，熱帯や温帯で行われる稲作には不向きな気候である。しかし，北海道地方は日本の食料庫といわれるほど，農業がさかんになっている。

　本次では，北海道では寒さや乾燥に強い作物栽培や酪農がさかんである，という自然を生かした農業について学習する。それを踏まえて本場面では，「北海道で自然環境に適さない稲作がさかんなのはなぜか」を明らかにする。世界地理の学習から「人々は自然環境に適した農業を行っている」といった概念的知識を習得してきたが，本単元では，「自然環境に適していない土地には，人々の技術を加えた農業を行っている」と概念的知識の更新を行う。それは北海道地方の場合，屯田兵による開発事業や，品種改良などの人々の努力によるものである。現在の農業の形態は，人間と自然の相互依存関係により，人々が自然の恩恵を求めるだけでなく，人々が自然に働きかけた結果である，という地理的分野における見方を働かせることをめざす。

評価規準と評価課題

知識・技能	思考・判断・表現	主体的に学習に取り組む態度
	○　北海道地方において，自然環境を中核に設定した事象の成立条件を，地域の広がりや地域内の結びつき，人々の対応などに着目して，他の事象やそこで生ずる課題と有機的に関連づけて多面的・多角的に考察し，表現している。	

評価課題の例
石狩平野は稲作に適した環境ではないのに，なぜ全国有数の米の産地となったのだろう？ 人々の努力を明らかにして，記述しなさい。

以前の北海道		
①人々 アイヌ民族は石狩川でさけなどをとる漁場としていた	②土壌 泥炭地は栄養分が少ない土壌である	③気候 稲は暖かい地域の作物だが，北海道は冷帯である

人々の努力

石狩平野は日本有数の米どころとなった！

評価事例

Bと評価する例	Aと評価する例
米の品種改良をして，石狩平野でも稲作ができるようになった。	明治時代に，屯田兵や移民などが石狩川の工事を行ったり，他の地域から土を持ってきたりすることで，稲作に適した環境にしようとした。また，寒さに強い米をつくるため，品種改良を繰り返して，北海道でも稲作ができる地域が広がった。

評価（判断）の理由

①屯田兵や移民

②客土

③米の品種改良

・上記のうち，2点について人々が自然環境へどのように働きかけたかを記述できていればB評価，3点について人々が自然環境へどのように働きかけたかを記述できていればA評価，とする。単一ではなく複数の働きかけにより，石狩平野は米どころとなったことを人間と自然の相互依存関係の点から具体的に述べているかを客観的に評価する。

Cの学習状況に対する指導・支援の手だて

・「人々の努力の結果，米を作れるようになった」のような記述は，地理的な見方を働かせることができておらず，また，「人々の努力の結果」を具体化することができていないためC評価とする。

・こういった解答を生み出さないためにも，問題文の図中にある「人々の努力」を明らかにするよう授業中に指示する。

・「人々の努力って，どんなことをしたら石狩平野で稲作ができるようになったの？」などといった補助発問を行う。

地域の在り方

単元の学習課題　川西市が30年後も持続可能なまちであるためにはどうすればよいだろうか。今までの地理学習の学びを生かし，調査・発表をしよう

学習前の生徒の状態と先生の願い

学校所在地のまちの課題は「遊ぶところが少ない」くらいしか思いつかないや。遊園地をつくれば人が集まるんじゃないかな。

地理的な見方を生かして地域のあり方を考察し，持続可能なまちづくりについて「深い提案」を主体的にできるようになってほしい。

単元の特徴

　地理的分野のまとめに位置する単元として，既習の知識，概念や技能を生かすとともに，地域の課題を見いだし考察するなどの社会参画の視点を取り入れた探究的な地理的分野の学習のまとめとして授業を行うことが必要である。そして主権者として，地域社会の形成に参画しその発展に努力しようとする態度を育むことをめざす単元である。

評価のポイントとなる2場面と指導の手だて

　この単元では，「○○市はどうすれば過疎化を止めることができるのだろう？」などと，教員から課題を提示して講義を行い，最後に生徒に解決策を発表させる形式が散見される。ともすれば，自治体についてネガティブなイメージを抱くだけに終わったり，他人事のように「県外の人に住んでもらうようアピールする」のような策を提示したりするだけとなってしまう。そうならないためにも，場面1では学校所在地について問いを表現するだけでなく，同様の課題を抱えた自治体や，成功事例を全国から発見し，場面2では，地域の課題を見つけながら，「自分事」として課題を解決する案を提示する活動を行う。

指導と評価の計画

次	学習の流れ（◎）学習内容　（・）学習活動	おもな評価規準 ●：学習改善につなげる評価 ○：評定に用いる評価
1	◎川西市における課題を発見する ・「中項目C（1）地域調査の手法」を踏まえて，学校所在地の課題を調べ，まとめる。	知○　地域の実態や課題解決のための取り組みを理解している。
2	◎川西市における課題の要因を考察し，まとめる ・社会的な観点から，課題となっている事象の要因を調べ，記述する。 ・同様の課題を抱えたまちが，どのように課題を解決しようとしているか調査する。【評価場面❶】 ・考察したことを白地図や，紙芝居，スライドでまとめる活動を行う。	思○　地域のあり方を，地域の結びつきや地域の変容，持続可能性などに着目し，そこでみられる地理的な課題について多面的・多角的に考察，構想し，表現している。
3	◎川西市における課題を解決する案を提示する ・学校所在地の課題について考察したことを発表する。	知●　地域的な課題の解決に向けて考察，構想したことを適切に説明，議論しまとめる手法について理解している。
4	◎単元のまとめを行う ・川西市が30年後も持続可能なまちであるためにはどうすればよいか，記述する。【評価場面❷】	主○　地域のあり方について，よりよい社会の実現を視野にそこでみられる課題を主体的に追究，解決しようとしている。
テスト	・単元の特性上，定期考査とは馴染みにくい。出題するのであれば，第4次のまとめを，定期考査において論述形式で出題する，または学校所在地とよく似た課題を抱える架空都市を設定し，そのまちを持続可能なまちにするためにはどうすればよいか考察し，表現させる問題を出題する方法が考えられる。第4次のまとめをテストで出題してもよいだろう。	

おもな学習活動と授業づくりのポイント

　本単元は，学校が所在する地域のあり方について学習する。全国の市区町村にはそれぞれの地理
的な課題があるはずだ。「中項目C（1）地域調査の手法」で選択したテーマ（人口，産業など）を
参考に，学校所在地の自治体の課題を発見し，解決の手法を提案する。ただし，課題解決策を提案
するだけでは，実現不可能な策を提案する生徒もいる。そこで，自治体が公表している「総合計画」
「プロモーションサイト」「観光スポット」などから改善点を見つける授業とすれば，突拍子もない
意見は出にくいだろう。

　また，他自治体と比較し，場所や空間的相互依存作用などの見方を用いて，学校所在地と似た課
題を解決している成功事例を取り入れた提案を考えさせる。例えば，川西市と同じく郊外に位置す
る千葉県流山市では，「駅前送迎ステーション」などの施策で，子育て世帯の誘致に成功し，人口
増加率が高くなっている。他地域の事例を，学校所在地で取り入れるには，どうすればよいか，ボ
トルネックとなっている地理的事象は何か，と考えることで，「浅い提案」とはならず，知識や思
考力などを活かした「深い提案」となるだろう。

　本単元は，前単元「中項目C（3）日本の諸地域」において，学校所在地が位置する地方の単元
末に計画してもよい。本稿は川西市を扱っているので，近畿地方の学習のまとめとして行うことも
考えられる。その際，中核に設定した視点に関する課題を発見する，といった活動が望ましい。

評価規準と評価課題

知識・技能	思考・判断・表現	主体的に学習に取り組む態度
	○　地域のあり方を，地域の結び つきや地域の変容，持続可能 性などに着目し，そこでみら れる地理的な課題について多 面的・多角的に考察，構想し， 表現している。	
評価課題の例		

　前に学習した，「地域調査の手法」の単元で選択した①〜⑤のテーマ（①自然・防災，②
人口・都市，③産業，④交通，⑤歴史）を参考に，川西市の課題を見つけて発表しよう。

・手順1：4人1チームごとに，テーマを選ぼう。
・手順2：川西市の課題を見つけ，要因に対する仮説を立ててチームで話し合おう。
・手順3：川西市が課題をどのように解決しようとしているか，川西市のホームページから
　　　　　見つけよう。
・手順4：個人で川西市と同じような課題を抱えた自治体を全国から見つけよう。
・手順5：個人で川西市と同じような自治体が，問題をどのように解決しようとしているか，
　　　　　成功事例を見つけよう。

・手順6：調査したことをまとめて以下のように発表原稿をつくり，チーム内で発表しよう。

1　テーマ：○○

2　課題：○○○○……

3　要因の仮説：○○○○……

4　他自治体の成功事例：○○県○○市

5　川西市では，成功事例をどのように取り入れられるか：○○○○……

評価事例

Bと評価する例	Aと評価する例
手順6	手順6
1　テーマ：②人口	1　テーマ：②人口
2　課題：2015年から2020年にかけて人口が約4000人減っている（－2.5％）。	2　課題：2015年から2020年にかけて人口が約4000人減っている（－2.5％）。
3　要因の仮説：子育て世代に対する支援が少ない。	3　要因の仮説：子育て世代に対する支援が少ない。
4　他自治体の成功事例 　　千葉県流山市	4　他自治体の成功事例 　　千葉県流山市
5　川西市では，成功事例をどのように取り入れられるか 　　流山市では，外国語教育に力を入れているので，川西市も力を入れるべきだ。	5　川西市では，成功事例をどのように取り入れられるか 　　流山市では，主要駅から市内の認可保育所（園）を結ぶバスを運行しているので，大阪市に近い川西市でも，主要駅に同じようなサービスを導入すれば，子育てをしながら大阪市へ働きに行く人たちも暮らしやすくなり，持続可能なベッドタウンとなる。

評価（判断）の理由

・手順6の5で実際にハード面またはソフト面を伴う施策を提案できていればB評価とする。

・地理的な見方を生かした，具体的な施策を提案できていればA評価とする。

Cの学習状況に対する指導・支援の手だて

・「テーマ：②人口　課題：遊ぶところが少ない。要因の仮説：田舎だから」などと記述している生徒に対しては，まずはテーマと課題を結びつけることが重要である。川西市に限らず，「人口の問題とは？」や「人口が減るとどんな問題が出てくる？」と質問を繰り返し，これからの学習への足掛かりとする。

・「似たような自治体を見つけられない」といった生徒に対しては，地図帳やタブレット端末などで，大都市の周辺にある都市をいくつか見つけさせて，自治体の取り組みをホームページなどで探させるとよい。

・「川西市に生かせそうな施策がない」「川西市の課題はない」といった生徒に対しては，「川西市に住んでいて不満に思うことはない？」「○○市が行っていることで，川西市でも行ってくれたらうれしいことは何だろう？」などとアドバイスをする。

おもな学習活動と授業づくりのポイント

　単元のまとめとして，「川西市が30年後に持続可能なまちであるためにはどうすればよいか？」という問いに対し，主体的に追究しようとする態度を見取る。地域により，さまざまな課題が表出しており，その地域ごとに持続可能なまちづくりを阻害している要因がある。川西市の場合，市の高齢者割合が32.3％と高く，県平均29.2％を上回っている。このままだと，税収が減少し，社会福祉費用が増加し続けてしまう。また，ケアの担い手や働き手がいなくなったり，高齢者の居場所づくりが行いにくくなってしまったりする問題もある。

　このような課題に対し，本場面では地域社会で暮らす一員として具体的な方策を提案するといった「自分事」として考えることができているかを評価する。「中項目C（3）日本の諸地域」と連携させて単元化するのであれば，中核に設定した視点から考えさせてもよいだろう。例えば，自然環境を中核とした地方であれば，「30年後も持続可能なまちであるために，私たちはどのように○○市の自然環境を保全していくべきだろう？」などの問いを提示すれば，生徒も他人ごとではなく，自分にもかかわる問題として捉えることが期待できる。

評価規準と評価課題

知識・技能	思考・判断・表現	主体的に学習に取り組む態度
		○　地域のあり方について，よりよい社会の実現を視野にそこでみられる課題を主体的に追究，解決しようとしている。
評価課題の例		

　川西市には，さまざまな課題があります。課題を解決しないままだと，30年後には，川西市はどこかの自治体と合併して，まちがなくなってしまうかもしれません。

　この先，30年後も持続可能な川西市であるためには，どのような課題を解決すればよいでしょうか。①〜⑤の視点を参考に，課題を明らかにして書きなさい。

視点の例
　①自然・防災　　地形や，川の場所，山の位置・高さ，自然災害など
　②人口・都市　　人口分布や人口の変化，世帯別人口，年齢別人口，市街地，ニュータウンなど
　③産　　　業　　おもな農業，農地の分布，市場の働き，工場立地，商業施設など
　④交　　　通　　おもな交通網，道路の位置，鉄道利用，高速道路など
　⑤歴　　　史　　伝統的な料理，伝統行事，市の歴史，過去と現在の変化など

評価事例

Ｂと評価する例	Ａと評価する例
川西市には，いつも渋滞しているところがある。わずか1kmを進むのに，30分近く時間がかかるときもある。渋滞となると住民が困るから，早めに解消すべきだと思う。	川西市には，いつも渋滞しているところがある。わずか1kmを進むのに，30分近く時間がかかるときもある。交通が滞ってしまうと，その分移動に時間がかかり，人やモノの輸送効率が良くない。そこで，渋滞地域にバイパスや迂回する道路を作れば，渋滞が解消されるだろう。すると，まちの中心部までの時間距離もうんと短縮され，ベッドタウンとしての魅力をより引き出すことができる。

評価（判断）の理由

・課題を発見し，解決の方向性を提案できていればＢ評価とする。

・地域に暮らす一員として地域の課題を追究し，具体的な方策を提案していればＡ評価とする。

Ｃの学習状況に対する指導・支援の手だて

・「川西市の課題はどうやっても解決できない」のように検討の糸口がつかめていない場合は，他自治体の事例を参考に，課題に対しどのような方法で解決しようとしているか，ということを提示する。

・なかなか筆が進まない生徒に対しては，まずは先進地域の事例を参考にさせる。そのうえで，ワークシートなどで「自分が暮らす地域なら……という課題があり，○○市の……のように解決していけば，……ということが期待できる」と，誘導していき，自ずと学習課題に対する答えを導けるように検討の視点を丁寧に示していく。

・優秀な提案は「市職員や市議会議員に直接提案する」などのゴールを設定すれば，より主体的に考えやすくなるだろう。

第 4 章

歴史的分野の評価プラン

- 私たちと歴史

- 身近な地域の歴史

- 古代までの日本

- 中世の日本

- 近世の日本

- 近代の日本と世界

- 現代の日本と世界

私たちと歴史

単元の学習課題　身近な過去の出来事を題材に，歴史的な見方・考え方に取り組み，歴史を楽しもう

学習前の生徒の状態と先生の願い

歴史って遠い昔の話だし，興味ないな。暗記科目だし年号と出来事を覚えればいいんでしょ。

歴史は自分で考える面白い科目だと伝えたい。興味をもって自分なりに歴史に取り組む姿勢を身につけてもらいたい。

単元の特徴

　この単元では，生徒に歴史学習に興味をもたせること，歴史学習のプロセスの具体的なイメージを掴ませることが目標となる。歴史的分野を学び始める時点で，歴史に対してまったく興味のない生徒もいれば，歴史学習とは先生が話す物語を聞いて暗記するものであると思い込んでいる生徒もいるだろう。この単元を通じて，歴史的な見方・考え方の基礎を身につけるとともに，歴史に対する親しみをもたせたい。

評価のポイントとなる2場面と指導の手だて

　場面1では，歴史学習を「自分とは関係ない遠い昔の話」とせず，歴史とは自分なりに問いを立てるところから始まるということを理解し，その面白さを味わう。場面2では，「情報を入手し，検討し，推論を立てること」を実際に行い，歴史的な見方・考え方を働かせることを目標とする。

　単元全体の最大の目標は，「歴史を楽しむ」ことである。教員が感じる「歴史の面白さ」を，生徒が実感できるように工夫したい。

　場面1で過去の出来事に対して問いを立てることで，歴史を自分が主体的に考えるべき対象であると捉えられているかどうかを見取る。また，場面2では，問いに答えるために歴史を分析する見方・考え方を身につけられているかを見取る。

指導と評価の計画

次	学習の流れ （◎）学習内容　　（・）学習活動	おもな評価規準 ●：学習改善につなげる評価 ○：評定に用いる評価
1	◎学校の歴史について問いを立てよう ・学校の歴史を題材に，資料を読む姿勢を身につける。 ・資料から問いを立てる。【評価場面❶】	主○　時期や年代，推移，現在の私たちとのつながりなどに着目して，問いを表現するため，ねばり強く努力している。
2	◎学校の歴史をたどってみよう ・西暦，世紀，元号の意味と使い方を理解する。 ・学校の歴史を2つに区切るとしたらどこで区切れるかを考え，時代の区切りがどのような観点で成立するかを話し合う。	知○　世紀や元号，時代区分などに留意して，「それがいつ起こったか」を理解している。
3	◎資料から推論を立てよう ・資料を読み，推論を立て，その推論をより説得力のあるものにするためにはどのような資料があればよいかを発表する。【評価場面❷】	思○　文章や画像などのさまざまな資料について，適切な調べ方を身につけ，資料の特性について考えることができる。

評価場面❶（第1次）
資料から問いを立てる

おもな学習活動と授業づくりのポイント

　最初の単元では，身近な歴史として自分が通う学校の歴史を扱う。「歴史の授業」の初回では，小学校で学習した歴史上の人物や文化財などを取り上げることも有用であるが，その場合そもそも小学校の歴史学習の内容にまったく興味がもてなかったり，知識が定着していなかったりする生徒にとっては，初回授業から参加するモチベーションが上がりづらくなる。この単元は歴史学習の入口であることを意識し，あえて「歴史学習っぽさ」を前面に出さず，すべての生徒にとって取り組みやすい導入となることを意識したい。学校に関する資料は，ホームページなどに記載されている年表など，手に入りやすいものを用いる。

　授業の導入では，「この学校についてできるだけたくさん問いを立てること」を課題とするが，その際に，生徒には問いにはさまざまな種類があることを意識させる。必要であれば「なぜ」「どのように」「なにが」「いつ」「どのくらい」など，問いの文章の出だしを指定してもよい。いきなり問いを立てるよういわれても特に思いつかず戸惑う生徒も一定数出るが，今回の目標はよい問いを立てることではなく，歴史とは自分なりに問いを立てるところから始まるということを意識させることである。「質より量」の精神で，生徒が粘り強く問いを立てようとする姿勢を評価し，生徒のモチベーションアップにつなげたい。

評価規準と評価課題

知識・技能	思考・判断・表現	主体的に学習に取り組む態度
		○　時期や年代，推移，現在の私たちとのつながりなどに着目して，問いを表現するため，ねばり強く努力している。
評価課題の例		

　学校の年表を見て，できるだけたくさん問いを考えよう。その際，問いの種類（「なぜ」「どのように」「なにが」「いつ」「どのくらい」など）がさまざまになるように注意しよう。

【○○市立第三中学校の歴史】

昭和36年	開校
昭和39年	南館増築
昭和44年	体育館完成
昭和47年	第三中学校△△分校を開校，東館増築
昭和55年	体力づくり実践校として全国表彰
平成9年	学習用パソコンを20台設置
平成13年	分校を本校に統合
平成15年	体育館改築工事完成
平成16年	南館取り壊し
令和2年	ユニバーサルデザイン制服の導入

評価事例

Bと評価する例	Aと評価する例
・なぜ昭和36年に学校が設立されたのだろうか。 ・なぜ△△分校が開校されたのだろうか。 ・なぜ体力づくり実践校に選ばれたのだろうか。 ・なぜ制服にズボンが導入されたのだろうか。	・いつ第三中学校を設立する案が出されたのだろうか。 ・南館が増築されたとき，生徒数は何人くらいだったのだろうか。 ・学習用パソコンはどのように使われていたのだろうか。 ・分校を本校に統合したとき，反対する人はいなかったのだろうか。

評価（判断）の理由

・問いを立てる姿勢を評価するので，ねばり強く考え，2つ以上の問いを立てることができていれば，B評価とする。さらに，「なぜ」「いつ」「どのように」など，2種類以上の問いを出すことができていればA評価とする。

Cの学習状況に対する指導・支援の手だて

・問いの数が一つ以下の場合はC評価となる。このような生徒を出さないためにも，授業の中で写真などの視覚資料などを用いて学校の歴史に興味をもたせるような工夫をしたい。はじめは問いのバリエーションが思いつかないことも多いので，グループで問いをシェアして，他のメンバーの問いに対して自分も疑問に思ったら，その問いを自分の問いとすることも許可してもよい。

・クラスのメンバーに，変な問いを立てていると思われたら恥ずかしいと思う場合もある。授業の中で，とにかく問いを立ててみることが大切であることを教師の口から明確に伝えて，立てることができた問いに対してしっかり褒める姿勢も重要である。

・問いを立て慣れていないうちは，「なぜ」に偏る傾向があるが，読み取った情報に「なぜ」を付けるだけの作業になってしまわないように，問いの種類を意識するよう生徒に促したい。よい問いをクラスでシェアすることで，どのような問いの立て方があるかを学ぶことも大切である。

・本次では主体性を評価するので，「身近な歴史には，考えるべき多くの問いが存在する」と認識できればよい。オリジナルの問いを立てられなくても，グループの意見交換などで「自分も考えたい」と思う問いがあれば，それをワークシートにメモするだけでもよい。また，本次でC評価であっても，単元全体の取り組み次第では加点的に評価を上げていくことも考えられる。

資料を読み，推論を立て，その推論をより説得力のあるものにするためには どのような資料があればよいかを発表する

おもな学習活動と授業づくりのポイント

　第3次では，「歴史的な見方・考え方を働かせる」ことを体験する。すなわち，資料から読み取った情報をもとに，自分がもっている知識や常識を組み合わせて，推論を立てることに取り組む。

　この授業では，ある年のクラスの集合写真を見せ，この写真が何年に撮影されたものかを考える。最初に，写真から読み取れることをグループで話し合い，第1次で参照した年表などの資料をもとに，これがいつの写真であるかを理由とともに発表する。また，自分のグループの推論をより説得力のあるものにするためには，どのような資料があればよいかを考える。最後に個人で振り返りを行い，他のグループ発表も参考にして問いの答えを書く。

　重要なのは理由であり，他の人に自分の意見を納得してもらうために，合理的に理由を説明する必要があることを生徒に理解させる。可能であれば，他のグループの意見に対して批判を行う活動を加えてもよい。

評価規準と評価課題

知識・技能	思考・判断・表現	主体的に学習に取り組む態度
	○　文章や画像などのさまざまな資料について，適切な調べ方を身につけ，資料の特性について考えることができる。	

評価課題の例

　この写真は，かつて第三中学校で撮影された3年6組のクラス写真です。

（1）この写真は何年に撮られたものだと思いますか。またそう思う理由はなんですか。
（2）ほかにどのような資料があれば，推論により説得力をもたせることができますか。

評価事例

Bと評価する例	Aと評価する例
(1) この写真は平成13年から15年の間のものだと思う。理由は，背景に昔の体育館が映っていることと，6クラスもあるということはかなり学校の生徒数が多いときと推定されるから。 (2) 思いつかない。	(1) この写真は平成13年から15年の間のものだと思う。理由は，背景に昔の体育館が写っていることと，6クラスもあるということはかなり学校の生徒数が多いときと推定されるから。 (2) 同じメンバーで撮影された，南館が写っている写真。

評価（判断）の理由

・写真について，歴史的な見方・考え方を働かせて，論理的に推論できていればB評価とする。さらに (2) ができていればA評価とする。特にむずかしいのは (2) で，いくつもの資料を組み合わせてより確かな論を作り上げる論理性が必要となる。

・(2) については年表から推察できることでも，自分の学校生活からヒントを得られることでもよい。（「先生は数年で転勤するものなので，写真に写っている担任の先生が何年から何年まで在籍していたかを示す資料があれば年代が特定しやすい」など）。生徒の思考錯誤と論理性を評価したい。

Cの学習状況に対する指導・支援の手だて

・(1) (2) ともに，読み取れない，まったく思いつかないという生徒には，まずは「写真には何が写っているだろう？」と声かけをするなどして，資料を丁寧に読み取ることをサポートしたい。一人ではむずかしい場合は，グループワークやペアワークで「写真を見て気づいたことを10個探そう」と指示するなど，みんなで協力して決まった目標をクリアする場を設定すると，より取り組みやすくなる。写っているものから，年代を特定しやすそうなものを探し，一つずつ年表で確認する時間をとることで，丁寧に理解を促す。

身近な地域の歴史

単元の学習課題　私たちの身近な地域には，どのような歴史があるだろうか。それは私たちの現在の生活にどのように結びついているだろうか。自分なりに問いを立て，調査・発表をしよう

学習前の生徒の状態と先生の願い

問いは何でもいいっていわれたけれど，思いつかないよ。近所のお寺が何年に建ったのか調べたけど，インターネットですぐにわかって調査が終わっちゃった。

テーマを細かく示すと「やらされ感」が出るし，生徒に丸投げすると学びが深まりにくい。生徒には適切な問いを立てる力を養い，探究活動のモチベーションを上げてほしい。

単元の特徴

　本単元では，授業を通して培った歴史的なものの見方・考え方を，自分の興味・関心に基づいて働かせ，身近な歴史について主体的かつ深い学びを得ることを目標とする。生徒の興味関心を引き出しつつ，適切な問いを立てる力をつける単元である。

評価のポイントとなる2場面と指導の手だて

　新指導要領では，生徒が自ら探究する姿勢を身につけることが重要視されるが，「好きなことをやりなさい」と漠然と指示するだけでは，実際の探究活動にはなかなか結びつかない。なかでもむずかしいのは「問いを立てる」ことである。逆にいうと，適切な問いが立てられれば，探究活動はずっとやりやすくなる。この2場面では，「問いを立てる」プロセスに重点を置き，最後に自分の問いが適切であったかを自己評価する。場面1では問いを他者に評価してもらうこと（または他者の問いを評価すること），場面2では問いを自己評価することをねらいとする。問いを立てる力は，中学校の学習過程を終えた後もさまざまな場面で活用が見込まれる力である。興味・関心に基づいて自由に活動できるこの単元を生かして，調査活動の基礎を身につけさせたい。

指導と評価の計画

次	学習の流れ	主な評価規準
	（◎）学習内容　　（・）学習活動	●：学習改善につなげる評価 ○：評定に用いる評価
1	◎テーマ設定と「問い」 ・身近な地域について，マインドマップを活用して問いを立てる。 ・立てた問いについて，グループ内で相互評価を行う。【評価場面❶】 ・インターネットなどを活用して調査計画を立てる。	主● 身近な地域の歴史について，マインドマップを活用して問いを立て，相互評価を行おうとしている。
2	◎身近な地域の調査 ・立てた問いに基づき，フィールドワークやインタビュー，資料調査などを行う。 ・調査内容について，周囲にわかりやすく説明できるようレポートやポスターなどにまとめる。	思○ 立てた問いに基づいて適切な調査を行い，論理的に思考して自分なりに考察し，適切にまとめている。
3	◎調査結果の発表 ・グループ内で発表を行い，相互評価を行う。 ・自分の立てた問いや，調査活動について振り返り，改善点などを探して今後の調査活動に生かせるようまとめを行う。【評価場面❷】	主○ 自分の立てた問いや，調査活動について振り返りを行い，改善点などを探して今後の調査活動に生かそうとしている。

おもな学習活動と授業づくりのポイント

　調査に関するグループ活動は，必ずしも調査そのものをグループで行うことを意味しない。むしろグループで調査を行えるのはかなり条件に恵まれた学校で，生徒が広域から通う学校である場合などは長期休業中には実施しづらく，結果フィールドワークのために授業時間数を割く必要が発生する。また，グループで設定したテーマが，必ずしもグループの生徒全員にとってモチベーションの上がるテーマであるとも限らない。

　調査においてグループ活動の強みが生きるのは，準備と相互評価の場面である。そこで調査の準備においては，テーマを設定して「問い」を立てるが，その際にグループ内で問いの相互評価をすることで，適切な問いを立てられるよう促す。また，調査結果を発表する場面でも，グループのメンバーからの評価と自己評価を組み合わせて，よりよい調査活動に向けた改善点を生徒に促したい。

　この授業では，グループのメンバーの問いに対して，適切なアドバイスを積極的に行おうとしているかどうかを評価対象とする。教員からのみならず，生徒同士でアドバイスし合える姿勢が形成されれば，調査活動はより生徒の成長につながる学習となる。

評価規準と評価課題

知識・技能	思考・判断・表現	主体的に学習に取り組む態度
		● 身近な地域の歴史について，マインドマップを活用して問いを立て，相互評価を行おうとしている。
評価課題の例		

　グループメンバーが立てた「問い」に対して，「よりよい問いになるためにはどうすればいいか」についてアドバイスしよう。

グループメンバーの問い

> 調査に適した「問い」とは…
> ・疑問形の文で書かれていること
> ・その問いの意義や面白さが他の人に十分伝わること
> ・すぐに答えが出てしまうものではないこと
> ・決められた期間に調査活動が可能であること

あなたからのアドバイス

評価事例

Bと評価する例	Aと評価する例
○○さんの問い：△△商店街はいつからあるのだろうか？	○○さんの問い：△△商店街はいつからあるのだろうか？
△△商店街はこの周辺に住む人にとってあることが当たり前のように思っているので，この調査でその歴史を知るのは私にとっても面白そうだと思います。 　ただし，「いつから」という問いは，ネットや本で調べたらすぐに答えが出てしまうし，そこから新しい問いが広がらないと思います。	△△商店街はこの周辺に住む人にとってあることが当たり前のように思っているので，この調査でその歴史を知るのは私にとっても面白そうだと思います。 　ただし，「いつから」という問いは，ネットや本で調べたらすぐに答えが出てしまうし，そこから新しい問いが広がらないと思います。例えば，「△△商店街はどのように変化しつづけてきただろうか」とすれば歴史の流れが追えるし，最近空きテナントが増えていることに注目して，「これまでの歴史を生かした商店街の活性化にはどのようなアイデアが考えられるか」とするのも面白いと思います。

評価（判断）の理由

・グループのメンバーが立てた問いに対して，「調査に適した問いの条件」を踏まえて評価できていればB評価とする。そのうえで，よりよい問いにするために適切なアドバイスを行っていればA評価とする。

Cの学習状況に対する指導・支援の手だて

・「これでいいと思います。改善点はありません」のように，他者の発表について改善点を指摘できないのは，本当に思いつかない場合と，他者に何か指摘することに心理的な抵抗がある場合が考えられる。思いつかない生徒が多い場合は，よい問いを作るためのチェックリストを提示して，観点を明示することで取り組みやすくする。

・他者の発表に助言を行うことを「けちをつけている」ように感じる生徒が多い場合は，まずは相手の問いのよいところを褒めるよう促してもよい。そのうえで，「あなたなら，このテーマに対して他にどのような問いを思いつくだろうか」と問いかけることで，他者が設定したテーマについて共に考えさせることができる。

・他者の発表を批判するのは比較的容易だが，建設的なアドバイスを行うためには自分自身でいろいろなアイデアを生み出さなければならないのでむずかしい。しかし他者にアドバイスすることは，自分自身の問いを見直すことにもつながるため，調査は一人で行う場合でも，みんなでよい問いを考えることの重要さをしっかりと生徒に認識させたい。

・建設的なアドバイスを出した生徒や活発に相互評価ができたグループに対してはおおいに評価し，より多くのアイデアの中から，自分が本当に興味がある問いを選べるように促したい。

評価場面❷（第3次）
自分の立てた問いや，調査活動について振り返り，改善点などを探して今後の調査活動に生かせるようまとめを行う

おもな学習活動と授業づくりのポイント

　探究活動においては，成果物の評価に留まらず，生徒が探究学習に向かう態度を評価することによって，今後の探究活動へのモチベーション向上を図りたい。探究活動における主体性を評価する際には，生徒が「発言すること」を重点的に評価しがちであるが，加えて生徒が他者の発表を「聞くこと」にも留意して評価を行いたい。

　この授業では，4〜5人一組のグループ内で発表を行う。生徒には授業開始時に発表者に対してコメントシートを書くよう指示し，フィードバックが明示的に行われる仕組みをつくっておく。発表終了後，生徒が自己評価を行う際に，他者の発表についても言及し，自分自身の発表に取り入れられる部分について考えるよう指示する。グループ発表のよさは，他者の発表を聞くことで自分自身の探究の成果を相対的に評価し，よりよいものをつくろうとする刺激を受けることにある。発表することに集中しすぎて，他の生徒の発表を満足に聞けない状態になるのはもったいない。生徒同士の切磋琢磨を十分に活用し，生徒が主体的に向上をめざせるように授業づくりを行いたい。

評価規準と評価課題

知識・技能	思考・判断・表現	主体的に学習に取り組む態度
		○　自分の立てた問いや，調査活動について振り返りを行い，改善点などを探して今後の調査活動に生かそうとしている。

評価課題の例

　あなたが立てた問いと調査結果について，以下の点に注意して自己評価しよう。また，他の人の発表を受けて，自分の活動にも取り入れるべき点を考えよう。

> 調査に適した「問い」とは……
> ・疑問形の文で書かれていること
> ・その問いの意義や面白さが他の人に十分伝わること
> ・すぐに答えが出てしまうものではないこと
> ・決められた期間に調査活動が可能であること

> よい「調査」とは……
> ・問いに対応する答えが明確に出ていること
> ・調査する資料を適切に活用していること
> ・楽しんで調査を行うこと

98

評価事例

Ｂと評価する例	Ａと評価する例
「△△商店街の歴史の中でもっとも大きかった事件は何か」という問いを立て，図書館で探した古い新聞を活用して，大震災とその復興が一番大きな事件であると結論を出すことができた。身近な商店街についてさまざまなことを知ることができたので，とてもやりがいのある面白い調査になった。 　しかし〇〇さんの発表はもっと面白かったので，自分も〇〇さんのような発表ができるようになればいいと思う。	「△△商店街の歴史の中でもっとも大きかった事件は何か」という問いを立て，図書館で探した古い新聞を活用して，大震災とその復興が一番大きな事件であると結論を出すことができた。身近な商店街についてさまざまなことを知ることができたので，とてもやりがいのある面白い調査になった。 　〇〇さんの発表では，実際に当時を経験した方のインタビューが盛り込まれていたので，歴史を具体的にイメージすることができた。自分も，大震災からの復興に取り組んだ方にインタビューすれば，より実際の体験に迫る発表ができたと思う。

評価（判断）の理由

・他の生徒の発表に言及できていればＢ評価とする。さらに，他の生徒の発表内容のよい点を具体的に指摘し，それをどのように自分の発表に取り入れるかを明示できていればＡ評価とする。

・問いや調査についての観点は，生徒が自己評価をしやすいように提示しているが，必ずしもこの項目に則る必要はない。他者の話を聞くことを第一に，生徒の学びに向かう態度を幅広く評価したい。

Ｃの学習状況に対する指導・支援の手だて

・他の生徒の発表に対してコメントシートを十分に書くことができない場合は，まずは問いや調査の観点について，その発表の中で一番よくできていると思う観点を明示するだけでもよい。その中で，「なぜそれがよくできていると思ったか」を自己評価の中で促したい。

・そもそも自己評価そのものでつまずいている場合も，評価課題の例で示した問いや調査についての観点を活用し，ＡまたはＢで自己評価を行うなど，シンプルで取り組みやすい仕組みを生徒に提案することも有用である。

・グループでの発表活動を行っている際に，コメントシートへの記入状況や発表者とのやりとりを見取り，しっかりフィードバックを行うよう声かけをしておきたい。

古代までの日本

単元の学習課題　「古代」とは，どのような特色をもつ時代だろうか。人々の生活や文化，政治のあり方に着目して考え，その特徴をまとめよう

学習前の生徒の状態と先生の願い

「古代の特徴」っていわれても，古代の日本と世界の共通点なんて全然イメージできないよ。

日本や世界の古代の社会の仕組みには，共通の特徴がある。生徒には時代の概念を理解し，自分の言葉で表現できるような力を身につけてもらいたい。

単元の特徴

　本単元では，人類のおこりや文明の発生から12世紀ごろまでの歴史について，日本の古代までの特色を，世界の動きとの関連を踏まえて考察・追究することが重要である。日本と世界の歴史をおおづかみに捉え，どのような特色をもつかを自分の言葉で表現できるようになることをめざす。

評価のポイントとなる２場面と指導の手だて

　本単元内で扱う範囲は時代的にも地理的にもきわめて広く，個別の事象を学ぶだけでは共通点の理解にまでは至りにくい。場面1では，世界各地で生まれた古代文明の共通点を，農耕，文字，青銅器，宗教などに着目して考察し，表現する。場面2では，共通点を理解したうえで，単元全体の学習を踏まえて日本の古代を大観し，古代という時代の特色を多面的・多角的に考察し，表現できるようになることで，時代の概念理解をできるようにする。

指導と評価の計画

次	学習の流れ （◎）学習内容　　（・）学習活動	おもな評価規準 ●：学習改善につなげる評価 ○：評定に用いる評価
1	◎**世界の古代文明や宗教のおこり** ・人類がどのように進化してきたのかを，環境の変化に留意しながらノート等にまとめる。 ・各地の古代文明や宗教について，重要な事項は何かを確認する。 ・古代文明の発生・発展において，どのような共通する特徴があるかを考え，発表する。【評価場面❶】	思● 各地の古代文明を，農耕や文字，金属器，宗教を中心に共通点を考察し，表現している。
2	◎**日本列島における国家形成** ・縄文時代から弥生時代にかけての人々の生活の変化を，資料などから読み取ってノート等にまとめる。 ・中国の歴史書などをもとに，日本のクニがまとまっていくさまについて年表を作成する。 ・ヤマト王権の勢力拡大について，鉄や前方後円墳が広まった理由をもとに考察し，発表する。	知● 日本列島において，東アジアの文明の影響を受けながら国家が形成されていったことを理解している。
3	◎**律令国家の形成** ・蘇我氏や聖徳太子の国づくりの方針を，東アジアの情勢を踏まえたうえでノート等にまとめる。 ・唐にならって政治の仕組みづくりが行われたことを資料などから読み取ってノート等にまとめる。 ・奈良時代の土地制度や文化から，この時代の日本にどのような特徴があるかを考察し，発表する。	知● 律令国家の確立に至るまでに，東アジアの文物や制度を積極的に取り入れながら国家の仕組みが整えられたことについて，諸資料から読み取り，まとめている。
4	◎**古代の文化と東アジアのかかわり** ・摂関政治をはじめとする，平安京における貴族の政治の特色についてノート等にまとめる。 ・東アジア情勢の変化が，国風文化の成立にどのような影響を与えたかを自分の言葉で説明する。	知● 東アジアとの交流の中で，摂関政治が確立・展開したことを理解している。
5	◎**単元のまとめ：古代国家のなりたち** ・国が成立するために必要な条件に着目して，時代の特色を多面的・多角的に考察し，その特徴を表現する。【評価場面❷】	主○ 国が成立するために必要な条件に着目して，古代という時代を大観し，時代の特色を自分の言葉でまとめようとしている。
テスト	・世界や日本の古代における基礎的な知識の定着をはかる。また，資料などから古代の社会の変化の様子を読み取り，考察し，表現する。	知○ 世界と日本の古代国家のなりたちについて，基礎的な知識を理解している。 思○ 歴史的な見方・考え方を働かせて，図や資料から古代の国の仕組みや，地域間のかかわりを考察・表現している。

評価場面❶（第1次）
古代文明の発生・発展において，どのような共通する特徴があるかを考え，発表する

おもな学習活動と授業づくりのポイント

　本次で扱う世界の古代文明は，生徒にとって世界の歴史のはじまりを理解するものであると同時に，日本の古代を大観してその特色を考察および表現できるようになるために，まずは古代そのものの特色を捉えられるようになる，すなわち概念理解を形成するための重要なステップである。

　古代は，生徒にとって範囲が広く，またイメージしにくい題材であるため，地図で位置を確認したり，視覚資料などを用いながら，みるべき点を整理して共通点を探すよう促すのが理解のポイントである。地理で学習した各地域の気候や自然環境について復習しておくことも有用である。

　共通点を確認する際には，特に乾燥地帯の大河の流域において国家形成がみられた点から考察をスタートすると，段階を踏んで考察を深めやすくなる。灌漑のほか，家畜の力や肥料を利用する農業の発展により，穀物の生産力が飛躍的に高められたこと，それにより生産に直接従事しない身分の人々が出現し，戦争の指導者や祭祀をつかさどる神官が生まれ，身分が分化することが想起できるよう支援したい。本場面では，これらの事項を表にまとめる活動を通じて，生徒が各文明の共通点と，文明発展の因果関係を考察・表現できているかを見取る。

評価規準と評価課題

知識・技能	思考・判断・表現	主体的に学習に取り組む態度
	● 各地の古代文明を，農耕や文字，金属器，宗教を中心に共通点を考察し，表現している。	

評価課題の例

チグリス川　　ナイル川　　インダス川　　黄河

（1）古代文明が生まれた場所には，どのような共通点があるだろうか。

（2）（1）のような場所で，限られた資源を有効に活用してさらに生産力を伸ばすには，どのような工夫や，社会の仕組みが必要だろうか。

評価事例

Bと評価する例	Aと評価する例
(1) 大河のそばにある。	(1) 乾燥した地域の大河のそばにある。
(2) 力を合わせて大規模な灌漑工事をしたりする必要がある。	(2) 力を合わせて大規模な灌漑工事をしたりする必要があるので，多くの人間に指示を出せる力をもったリーダーや，人の心をまとめるための宗教が必要になる。

評価（判断）の理由

・(1)では，大河に着目できればB評価とする。さらに，乾燥していてかつ大河がある地域で文明が発生している点に気づけていればA評価とする。水が貴重な地域であるからこそ，水をコントロールするためにさまざまな工夫が必要であったことが理解できているかを見取る。

・(2)では，灌漑工事などの具体的な事例が出せていればB評価とする。また，大規模な活動をするうえで協力なリーダーシップをとる存在や，ゆるやかな意識のまとまりが必要になったことに言及できていればA評価とする。このような個別の事象の共通項への気づきを促すことで，日本の古代国家形成を概念化する土台をつくる。

Cの学習状況に対する指導・支援の手だて

・「それぞれぜんぜん違う地域だから，共通の特徴は見つからない」のように，本次では具体的な複数の歴史事象を，一つの概念へとまとめる過程を扱うため，抽象的な思考をする際につまずく生徒が出ると考えられる。自分が気づかなかった部分や，うまく言葉にできない部分を補うため，個人での学習活動後に，グループでまとめる作業を行うと，互いに不足部分を補うことができる。

・また，つまずく生徒が多い場合には，「文明発祥の地は，大河川から遠いだろうか，近いだろうか」「湿潤だろうか，乾燥した気候だろうか」など，選択式の発問をするのも有用である。

・グループで，お互いが読み取ったことを照らし合わせ，よく出てくる言葉（「河」「乾燥」など）を出し合う時間を設けることも，着目すべき点についてヒントを与えて理解を促すことにつながる。

評価場面❷（第5次）
国が成立するために必要な条件に着目して，時代の特色を多面的・多角的に考察し，その特徴を表現する

おもな学習活動と授業づくりのポイント

　本次では，「日本で古代国家ができたのはいつか」を問いとし，問いの答えを生徒が発表する授業を行う。

　生徒がこの問いに答えるためには，2つの前提が必要となる。一つは，日本の古代の基礎的な知識が身についていること，そしてもう一つは「どのような要素があれば，古代国家であるといえるか」という概念が，中学生に求められるレベルで身についていることである。前者を身につけるためには，小単元ごとに振り返りを行ったり，各小単元のまとめを1枚のワークシートに落とし込んで視覚的に確認するなどの工夫が必要になる。また，後者については，どの小単元においても常に「古代の国とはどんな特徴をもつ国でしたか」と，第1次の小単元で学んだ内容に触れながら，出来事を理解することが有用である。

　上記のような問いは特定の解をもつものではなく，生徒それぞれが違った答えを導き出すことができる。古代国家の成立要件についての基本的な理解があり，かつ論理的に整合性のとれた出来事を取り上げて説明しようとしていれば，主体的に学習に取り組む態度があると評価したい。生徒にとって，古代は通史の学習の初めての単元にあたる。主体的に学習に取り組む態度の評価を通じて，歴史的なものの見方や考え方を働かせて到達した結論を，自分の言葉で表現することが大事であるというメッセージを生徒に伝えたい。

評価規準と評価課題

知識・技能	思考・判断・表現	主体的に学習に取り組む態度
		○　国が成立するために必要な条件に着目して，古代という時代を大観し，時代の特色を自分の言葉でまとめようとしている。

評価課題の例
日本で「古代国家」が成立したのはいつですか。なぜそういえるのか，当時日本でおこった出来事と，「古代国家」とはどんな国家であるかを踏まえたうえで説明しなさい。

評価事例

Bと評価する例	Aと評価する例
日本で古代国家が成立したのは，聖武天皇の時代に国分寺・国分尼寺をつくったときである。日本は中国にならって，仏教を利用して国をまとめようとした。	日本で古代国家が成立したのは，聖武天皇の時代に国分寺・国分尼寺をつくったときである。古代国家は，宗教を利用して人々をまとめ，大きな力を生み出そうとする国家である。日本は中国にならって，仏教を利用して国をまとめようとした。

評価（判断）の理由

・「古代国家とは何か」を，中学生に可能なレベルで概観しようとしている姿勢があればB評価とする。歴史的事実を正確に押さえているのは大切であるが，ここではそれだけでなく，出来事の意味を，もう一段深いレベルで概念化して考えられようとしていればA評価とする。また，概念化を試みているが，それと具体的な歴史的事実が論理的に結びついていない場合は，B評価となる。

Cの学習状況に対する指導・支援の手だて

・「古代が何なのかわからない。国は昔からずっとあった」という解答が予想される。そもそも概念化は非常に難易度が高いので，正確性や論理性に欠けていたとしても，少しでも自分なりに考え始めることができているならB以上の評価とする。

・まったく考える糸口がわからず困惑している生徒については，「宗教をテーマに考えてみよう。聖徳太子の頃と，聖武天皇の頃では，仏教の扱いはどう違う？」や，「リーダーの権力の強さをテーマに考えてみよう。ヤマト王権と，大宝律令ができたときでは，どう違う？」などと思考の方向性を示すことで，生徒の思考を助けたい。

・大切なのは考える姿勢を育むことなので，日常的なやりとりにおいても，生徒が何か自分の意見を言おうとすることそのものに，肯定的なフィードバックを返すよう心がけたい。

中世の日本

単元の学習課題　古代から中世に向けて，日本はどのように変化しただろうか。政治や文化，人々の生活などに着目して，自分の言葉で説明しよう

学習前の生徒の状態と先生の願い

中世は，武士の時代！　戦国武将の名前と，起こった戦を覚えれば OK だよね。

古代から中世にかけて，日本の社会の仕組みの変容を複数の視点から捉え，自分の言葉で概念化できるようになってほしい。

単元の特徴

　この単元では，「古代から中世に向けて日本がどのように変わったか」という問いに対して，生徒が自分の言葉で答えを表現できるようになることが最大の目標である。そのために，時代の変化を表す重要なキーワードを学習の過程で一つずつ押さえ，支配の仕組みや，生き残るための民衆の工夫について，その都度自分の言葉で表現することを積み重ねていく必要がある。

評価のポイントとなる2場面と指導の手だて

　この単元で取り扱う2つの問いは，単元の途中にあたるキーワードを押さえる問いと，最後のまとめにあたる時代全体に対する問いである。生徒の理解を段階的に深めるため，適切なステップを踏んでいきたい。

　一つ一つの授業で資料の読み取りをしっかり行い，グループで発表するなどして読み取りの内容を言語化する学習を地道に積み重ねる。場面1では個別の資料の読み取りを行い，鎌倉時代の社会の変化について，仏教の側面から理解する。場面2では本単元全体で読み取った事象から，中世の特色を考える（概念化する）取り組みを行う。

指導と評価の計画

次	学習の流れ （◎）学習内容　　（・）学習活動		おもな評価規準 ●：学習改善につなげる評価 ○：評定に用いる評価
1	◎**武士政治の成立とユーラシアの交流** ・武士が台頭して武家政権が成立し，その支配が広まったことについてノート等にまとめる。 ・武家政権の特徴を資料から読み取り，クラス内で意見交換を行う。 ・鎌倉時代の仏教の特徴を資料から読み取り，自分の言葉で説明する。【評価場面❶】		知●	社会の変化について，仏教の変容の側面から理解している。
2	◎**武家政権の展開と東アジアの動き** ・モンゴルの成立がユーラシア世界に与えた影響をノート等にまとめる。 ・元寇に対する日本の対応と，その影響についてクラスで話し合う。 ・14世紀後半の日本の変化を東アジアの変容と関連づけて考察し，歴史地図を作成する。		思●	モンゴル帝国の成立と拡大が，日本に与えた影響について資料から考察・表現している。
3	◎**民衆の成長と新たな文化の形成** ・農業など諸産業の発達や，都市や農村における自治の仕組みを自分の言葉で説明する。 ・室町時代の文化の多様性を理解し，現代とのつながりをクラスで話し合う。 ・室町時代の社会全体の変化について，表などを使ってまとめる。		思●	農業など諸産業の発達や，都市や農村における自治の仕組みから，社会全体の変化について考察し，表現している。
4	◎**学習の振り返り** ・これまでの学習の内容から，中世とはどのような時代であるか，考察・発表する。【評価場面❷】		主○	「中世とは何か」について，学習内容を踏まえて自分の言葉で表現しようとしている。
テスト	・世界や日本の中世における基礎的な知識の定着をはかる。また，資料などから中世の社会の変化の様子を読み取り，考察し，表現する。		知○ 思○	中世の日本について，基礎的な知識を理解している。 歴史的な見方・考え方を働かせて，図や資料から中世社会の特徴や，東アジア世界とのかかわりを考察し，表現している。

評価場面❶（第1次）
鎌倉時代の仏教の特徴を資料から読み取り，自分の言葉で説明する

おもな学習活動と授業づくりのポイント

　この授業では，鎌倉時代における仏教のあり方の変容を扱う。授業の目標は鎌倉時代の仏教を理解することそのものではなく，鎌倉時代の仏教を通して，社会の変容を捉えることであることに留意して授業をつくりたい。

　鎌倉時代の仏教についての基礎的な事項を学習した後，資料から信仰の表現の仕方や，描かれている信者の社会階層などを読み取り，そこからその時代に生きた人々が何を目的に仏教を信仰しようとしたのかを考察する。評価課題に取り組む前までに，生徒には，信仰するということが現代とはまた違う意味をもつことを伝えておきたい。神仏と人の距離が近かった時代には，信仰は有用な問題解決の方法とみなされており（「雨乞い」がその一例となるだろう），事実仏教は中国からもたらされた当時最先端の学術成果とともに伝来した。このような信仰がもつ意味を理解したうえで資料の読み取りに取り組むことができれば，生徒の中世社会と仏教の関係への考察もより一層深まるだろう。

評価規準と評価課題

知識・技能	思考・判断・表現	主体的に学習に取り組む態度
● 社会の変化について，仏教の変容の側面から理解している。		

評価課題の例

　資料『一遍聖絵』から，信仰実践の特徴を読み取り，なぜそのような信仰のあり方が発生したか，これまでの授業の内容を踏まえたうえで説明しよう。

国立国会図書館デジタルコレクションより一部抜粋

評価事例

Bと評価する例	Aと評価する例
僧侶が舞台の上で足を踏み鳴らして踊っており，それを子どもや貧しそうな人を含めたさまざまな人が見ていることから，どんな人にもわかりやすく，参加しやすい信仰を実践していることが読み取れる。	僧侶が舞台の上で足を踏み鳴らして踊っており，それを子どもや貧しそうな人を含めたさまざまな人が見ていることから，どんな人にもわかりやすく，参加しやすい信仰を実践していることが読み取れる。前の授業で学習したように，ききんや戦乱により社会が混乱しているなかで，すべての人が，自分たちが救われるように仏の力にすがろうとしているのだと思う。

評価（判断）の理由

・踊っている舞台の下で柱や梁によじのぼっている子どもや，車からそっと見ている身なりのいい人物，質素な服装の立ち見の人まで，さまざまな人がいることに気づくこと，実生活からダンスが誰にでも参加しやすく親しみやすいイベントであることなどを想起できればB評価となる。さらに，12世紀から13世紀にかけて多数の戦乱やききんが発生したことを思い出し，それと関連づけて，施政者を頼れず社会が混乱するなかで，自分なりに救済される道を探そうとする民衆の動きを説明することができればA評価とする。

Cの学習状況に対する指導・支援の手だて

・資料の読み取りに時間的制約があったり，「人がいっぱいいてごちゃごちゃしている。よくわからない」のように，生徒の資料の読み解きを補助する必要がある場合は，「資料から『踊っている僧侶』『子ども』『琵琶を背負った人』を探そう」などの指標を設けるとわかりやすい。

・実際の社会生活において，ダンスがどのような場面で，どのような意図で活用されているかを考えてみることも，踊念仏のもつ特徴を理解する一助となるだろう。信仰というと生徒にとって敷居が高く遠いことのように思いがちだが，決まったキーワードを何度も唱えたり，ダンスしたりすることが人々にもたらす効果は，現代と重ね合わせて想像しやすい。

・これまでの授業の内容が十分消化できておらず，記憶に残っていないことも考えられる。授業のはじめに，これまでの授業の内容，特に戦乱とそれによる民衆の生活への影響を復習しておくことで，中世の歴史の流れの中でどの点に着目するべきかを生徒に示すこともできる。

評価場面❷（第4次）
これまでの学習の内容から，中世とはどのような時代であるか，考察・発表する

おもな学習活動と授業づくりのポイント

　本場面では，単元のまとめとして「中世とは何か」を適切なキーワードを用いて自分の言葉で表現できるようになることを目標とする。「中世」「自力救済」などの概念を扱う際，つい概念そのものを最初に教員が説明して，生徒は理解が進まないままにその説明を文章ごと覚えるような授業構成になりがちである。生徒同士の協動的な取り組みを通じて歴史的事実を検討し，中世とは何かを説明するためにどのような言葉を選ぶべきか考えることを，授業の中心に据えたい。

　これまでの授業で扱った，「力をもった人びと」「土地支配の方法」「民衆と自治」「信仰と分化」などの視点に分け，グループ内で分担して中世におけるそれらの特徴を表現し，グループ内でシェアし，そこから共通する特徴をキーワードとして探し出す。クラス全体で，各グループがキーワードとその選定理由をシェアする。その後，授業のまとめとして，生徒は「中世とは何か」をキーワードをできるだけ活用してまとめる。このまとめを評価の対象とする。

評価規準と評価課題

知識・技能	思考・判断・表現	主体的に学習に取り組む態度
		○　「中世とは何か」について，学習内容を踏まえて自分の言葉で表現しようとしている。
評価課題の例			

　中世とはどのような時代だろうか。あなたが重要だと思うキーワードを意識して取り上げながら説明しよう。

評価事例

Bと評価する例	Aと評価する例
武士は自分の荘園を守るために主君と契約したり，裁判などで自分の意見を主張しなければならなかった。民衆は，支配者の保護が十分に望めないなかで，信仰に頼ったり，団結して自治を行ったりした。	中世とは「自力救済の時代」だと思う。武士は自分の荘園を守るために主君と契約したり，裁判などで自分の意見を主張しなければならなかった。民衆は，支配者の保護が十分に望めないなかで，信仰に頼ったり，団結したりした。「自治」のキーワードが示すように，武士であれ民衆であれ，自分の生活の保障は自分ですることが，中世の大きな特徴だと思う。

評価（判断）の理由

・中世の特徴が複数の観点から適切に述べられていれば，B評価とする。表現しようとする姿勢そのものが評価の対象となるので，完全に適切な理解ではなかったとしてもおおむねできていると評価する。

・いくつかの観点を総括して，中世全体の特徴について古代からの社会の変化や，人々が生き残りをかけて団結したりする様子など，ある程度適切な言及がなされていればA評価とする。

Cの学習状況に対する指導・支援の手だて

・自分の言葉で表現することがむずかしい生徒には，「中世という時代をいちばんよく表すキーワードを選ぶとすれば，どれだと思う？」と問いかけ，自分が一番説明しやすいキーワードを探すところから補助したい。最終的には総括的な理解を求めたいが，まずは自分の言葉で自分の知っていることを表現できるようになれば，それを大いに評価したい。

・学習を困難に感じていても，粘り強く自分なりに言葉を探した生徒の発言があれば，授業中に教員が取り上げることで，自分の言葉がクラスの学びに影響を与えるのだという有用感を生徒にももたせ，学習へのモチベーション向上につなげたい。

近世の日本

単元の学習課題　近世の日本は，周辺世界とのどのようなつながりの中で発展してきただろうか。近世の日本社会のうつりかわりを，諸外国とのかかわりに着目して考え，クラスで話し合おう

学習前の生徒の状態と先生の願い

「鎖国」って国を閉じていることでしょ？江戸時代はペリーの来航まで海外と交流がなく，日本独自の文化が栄えたんじゃないかな。

「鎖国」下での東アジアなどの海外とのネットワークが，日本の産業や流通の活性化，生活に大きな影響を与えたことを実感し，近世の交易を立体的に捉えてもらいたい。

単元の特徴

　「鎖国」下の日本が国を閉ざしていたわけではない，という理解は教員にとっては当たり前であるが，その言葉の印象などから生徒にとっては閉鎖的なイメージがつきやすい。「四つの口」の外側のつながりを意識し，近世アジアの豊かなネットワークの一部として日本を捉えることで，近世日本の諸産業の発達をより深く理解できるだろう。また，日本と東アジアのネットワークを接続する役割を果たした存在として琉球・アイヌについて学習することは，両地域に対する理解を深めるうえできわめて重要である。

評価のポイントとなる2場面と指導の手だて

　場面1では視覚的に周辺世界と日本のかかわりを確認することで，生徒のもつ「鎖国」のイメージを更新できるようにする。場面2では，日本域内のネットワークについて学習し，そのようなネットワークが成立した背景を，それまでの学習から考察する。

　特に前近代においては，ネットワークは領域の内外で別々に成立するものではない。日本のネットワークは近世アジアのネットワークの一部であるという理解（それは高校教育課程の歴史総合において学習すべききわめて重要な項目である）の一端をつかめるような授業を展開したい。

指導と評価の計画

次	学習の流れ （◎）学習内容　　（・）学習活動		おもな評価規準 ●：学習改善につなげる評価 ○：評定に用いる評価	
1	◎**大航海によって結びつく世界** ・アジア交易の活性化により，どのように世界が結びついたかを示す地図を作成する。 ・ヨーロッパの「大航海時代」に伴って日本にもたらされた事物やその影響についてクラスで話し合う。		知●	アジア交易の活性化により世界が結びついたことを理解している。
2	◎**世界の動きと統一事業** ・織田信長・豊臣秀吉による全国統一の過程をノート等にまとめる。 ・国内統一のための政策が，社会にどのような変化をもたらしたかを考察し，クラスで話し合う。 ・安土桃山時代の文化の特色を捉え，人々の生活や経済の変化を表などにまとめ，発表する。		思●	織田・豊臣の全国統一が，社会にどのような変化をもたらしたかを人々の生活と関連づけて考察している。
3	◎**江戸幕府の成立と対外関係** ・江戸幕府が全国を統率するためにつくった支配の仕組みをノート等にまとめる。 ・朱印船貿易から貿易統制に至った原因とその結果についてクラスで話し合う。 ・琉球とアイヌの役割について，東アジアの交易ネットワークを示す地図を作成して説明する。【評価場面❶】		思●	琉球・アイヌに対する日本の支配を，東アジアネットワークと関連づけて考察・表現している。
4	◎**産業の発達と町人文化** ・国内産業と流通網の発達の過程をノート等にまとめる。 ・国内の流通網の発達を，東アジアネットワークの中で地図に表現する。【評価場面❷】 ・江戸時代前半に栄えた文化の特色について，その担い手などから考察する。		思○	国内の流通網の発達を，東アジアネットワークの中で考察し，表現している。
5	◎**幕府の政治の展開** ・近世社会の動揺と，それに対する幕府の改革についてノート等にまとめる。 ・近世後半の文化について，前半の文化と対比しながらその特色を説明する。		思●	近世社会の動揺と，それに対する幕府の改革について考察している。
6	◎**章のまとめ** ・近世の特色を捉えたうえで，それが現在の日本にどのような影響を与えているかクラスで話し合う。		主○	近世の特色を捉えたうえで，それが現在の日本にどのような影響を与えているかを考えようとしている。
テスト	・世界や日本の近世における基礎的な知識の定着をはかる。また，資料などから近世社会の変化の様子や世界とのつながりを読み取り，説明する。		知○	近世の日本について，基礎的な知識を理解している。
			思○	歴史的な見方・考え方を働かせて，図や資料から近世社会の特徴や，東アジア世界とのかかわりを考察・表現している。

評価場面❶（第3次）
琉球とアイヌの役割について，東アジアの交易ネットワークを示す地図を作成して説明する

おもな学習活動と授業づくりのポイント

　決して「単一民族」ではない日本の多様性を理解するために，近年琉球・アイヌに関する学習はより重要性を増している。両地域に対する認識を，日本の歴史における「周辺」というだけで終わらせないためには，東アジアネットワークの中で両地域が果たした役割の重要性についてよく理解する必要がある。今回の授業では，琉球・アイヌを主役に据えて，東アジア世界とのかかわりと，日本による支配の目的を理解・表現することを目標に据える。

　ネットワークを理解する授業においては，生徒自身が地図上でネットワークを表現する機会をもつことが，知識の定着やより深い考察の近道となる。教科書や資料集を活用してネットワークのつながりを写し取るだけでも十分学習効果が期待できるが，イラストやコメントを描き込んでオリジナルの地図をつくる作業は，さまざまな工夫を凝らすことができて面白い。生徒が楽しみながらネットワークの広がりを理解できる授業をめざしたい。

評価規準と評価課題

知識・技能	思考・判断・表現	主体的に学習に取り組む態度
	● 琉球・アイヌに対する日本の支配を，東アジアネットワークと関連づけて考察・表現している。	

評価課題の例

　17世紀後半の琉球およびアイヌは，その周辺の地域とどのようにつながっていただろうか。日本を含む東アジア世界全体を見据えたうえで，地図上で表現してみよう。

評価事例

Bと評価する例

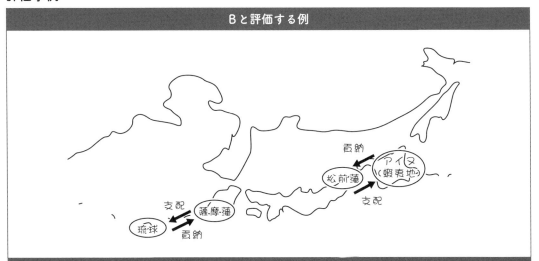

Aと評価する例

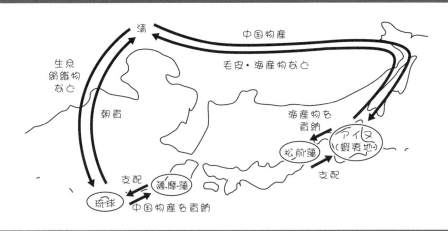

評価（判断）の理由

・日本と琉球・アイヌの関係を表現できていればB評価とする。さらに，中国（清）と琉球・アイヌの関係が表現されていればA評価とする。図やコメントなどを挿入してより具体的な内容を表現できていればおおいに評価したいが，生徒の自由な発想を尊重することを踏まえたうえで，柔軟に評価を行うよう留意する。

Cの学習状況に対する指導・支援の手だて

・まったく何を書けばいいかわからない生徒が出ることは十分予想されるため，グループで1枚の地図を仕上げる課題としてもよい（その場合，振り返りとして個人でまとめの図を作成したものを評価する）。参加できていない生徒がいる場合は，事前にペアワークなどで書くべき事項を確認させるか，役割分担をして明確に自分の仕事を決めることで参加を促す。

・きれいな地図を仕上げることが授業の目的ではなく，地図を表現するために周囲と話し合う行為そのものが理解の深まりにつながるので，前述のように参加するために必要な補助を行いたい。

・生徒が描いた図の中で，独創的なもの，するどい視点を向けたものを取り上げてクラス全体の前で評価すると，生徒がより積極的に参加するようになる。

おもな学習活動と授業づくりのポイント

　この授業では，国内の流通網と東アジアのネットワークのつながりを具体的にイメージするために，昆布の流通ルート（いわゆる「昆布ルート」）を取り上げる。宮城県以北にしか生息していない昆布は，江戸時代に発達した海上交易網を通じて江戸や大阪に運ばれ，さらには薩摩から琉球を経由して清へと輸出された。また，各地に昆布がもたらされたことにより，地域ごとに昆布料理がつくられた。昆布ルートを俯瞰しながら，日本列島の国内流通網の発達と東アジア経済全体を把握しつつ，身近な食文化を通して近世史に興味をもたせたい。

　日本の産業や流通の発展について基礎的な知識を確認した後，地図を用いてルートを確認し（第3次に作成した地図を活用すると生徒の理解が一層深まる），そのうえで昆布交易活性化の影響を考察したい。なぜ昆布が重要な積荷となるのか，中国では昆布がどう使われているのか，琉球やアイヌの人々はどうかかわったのか，日本全体に昆布が流通したことは各地の食文化にどのような影響を与えたのかなど，さまざまな視点からの気づきを生徒の発言から拾い上げ，地域間の交易という俯瞰的な視点から，人々の生活に根ざした身の丈の視点まで取り上げることができれば，近世の交易を立体的に理解できるようになる。

評価規準と評価課題

知識・技能	思考・判断・表現	主体的に学習に取り組む態度
	● 国内の流通網の発達を，東アジアネットワークの中で考察し，表現している。	

評価課題の例		

　次の資料は 17 世紀〜 18 世紀ごろの「昆布ロード」を図式化したものである。昆布の流通はどのようなルートで行われ，各地にどのような影響を与えたか考えてみよう。

評価事例

Bと評価する例	Aと評価する例
昆布は蝦夷から松前に運ばれ，西廻り航路や東回り航路を通って江戸や大阪に運ばれた。一部は鹿児島や琉球に運ばれ，清にも輸出された。これにより各地で昆布が食べられるようになったと考えられる。	昆布は蝦夷から松前に運ばれ，西廻り航路や東回り航路を通って江戸や大阪に運ばれた。一部は鹿児島や琉球に運ばれ，清にも輸出された。これにより各地で昆布が食べられるようになったので昆布の需要が上がり，より多くの昆布を松前藩が得ようとアイヌ支配が強化されたのではないかと考えられる。また，清との貿易が活性化すれば，薩摩藩は利益を得たのではないかと考えられる。

評価（判断）の理由

・地図から，昆布の流通がどのように行われているかを具体的に読み取り，その影響が書けていればB評価とする。

・A評価に至るには，2つ以上の視点から考察ができていることを求めたい。上記事例ではアイヌや薩摩藩について記述されているが，昆布の輸出が清に与えた影響や，食のバリエーションが広がったことにより生活が豊かになったことなど，さまざまな視点から考察を行うことができる。歴史的な見方・考え方を働かせ，これまでに学習した内容を総合しながら資料について検討する力をつけるよう生徒に促したい。

Cの学習状況に対する指導・支援の手だて

・「松前から大阪や鹿児島に行った」のように，地図の読み取りがむずかしい生徒には，矢印がどこから出ているかを一緒に確認し，どのようなルートをたどっているかを丁寧に確認させたい。また，昆布の原産地である蝦夷は，どのような人々がどのような支配を受けていたか，また琉球はどのような状況にあったのかを復習したうえで，「松前藩は，さらに昆布が欲しいと考えたとき，アイヌに対してどのような態度を示すだろうか」「中国で昆布の需要が高いことを考えると，薩摩藩はどうすればより多くの利益を上げられるだろうか」などと問いかけることによって，生徒にさまざまな影響を考えさせることができる。

近代の日本と世界

単元の学習課題　日本が「近代国家になった」ということの意味と，その影響を考え，説明しよう

学習前の生徒の状態と先生の願い

とにかく戦争はよくないよ。そんなの当たり前でしょ。

生徒には，上記のような善悪論で終わらせず，歴史的な見方・考え方を働かせて第二次世界大戦を批評できるようになってほしい。

単元の特徴

　本単元では，日本が近代国家をめざす過程について，諸外国とのかかわりに目をくばりながら考える力を養う。近代史は（誤解を恐れずにいえば）戦争の歴史でもあるが，その背景として日本がこれまでとはまったく違う「国」のあり方をめざしたこと，そのなかで国内外にさまざまな課題が生み出されたことを理解させたい。近現代の特異性に着目しつつ，現在の自分に直結する歴史的課題について考えていく単元である。

評価のポイントとなる2場面と指導の手だて

　第二次世界大戦について考えるとき，善悪の問題として捉えるところで終わってしまい，戦争をとりまくさまざまな情勢や，日本政府の動きなどについて考察するに至らない生徒がいる。このような状況に陥る原因は，太平洋戦争を「アメリカと（だけ）戦った戦争」であると捉えてしまう浅い理解や，戦争にかかわったさまざまな人々・勢力の主体性について考えることを怠ることによる。場面1では，戦争にかかわったアジアの人々の立場に立って考えることにより，戦争の多面性を捉えられているかを評価する。場面2では，戦争全体を評価する作業を通して，第二次世界大戦を多面的・多角的に捉えたうえで現代社会につながる課題を発見できるかを見取る。

指導と評価の計画

次	学習の流れ		おもな評価規準
	（◎）学習内容　　（・）学習活動		●：学習改善につなげる評価 ○：評定に用いる評価
1	◎明治維新と近代国家の形成 ・欧米諸国のアジア進出が日本に与えた影響と，日本の対応についてノート等にまとめる。 ・日本における近代化の流れを，資料などから読み取り説明する。		知● 欧米諸国のアジア進出が日本に与えた影響と，日本の対応について理解している。
2	◎日清・日露戦争と近代化の進展 ・「近代国家」をめざす日本が帝国主義の道に進んだことを年代順に整理する。 ・近代化や工業化がもたらした正と負の側面を，資料から読み取り説明する。		思● 近代化や工業化がもたらした正と負の側面を，資料から読み取り多面的・多角的に考察し，表現している。
3	◎第一次世界大戦と民族独立の動き ・第一次世界大戦前後の世界の動きについてノート等にまとめる。 ・第一次世界大戦が，日本の社会や国際的な立場にどのような影響を与えたかを説明する。		思● 第一次世界大戦が，日本の社会や国際的な立場にどのような影響を与えたかを考察・表現している。
4	◎第二次世界大戦の惨禍 ・第二次世界大戦前後の世界の動きについて地図を用いて地域ごとにまとめる。 ・第二次世界大戦が人々に何をもたらしたのか，資料から読み取って説明する。【評価場面❶】		思● 第二次世界大戦が人々に何をもたらしたのか，資料から読み取って植民地や占領地の人々の生活と関連づけて考察し，表現している。
5	◎単元のまとめ ・第二次世界大戦の日本の敗因について分析し，平和で民主的な社会の形成について自分の意見を発表する。【評価場面❷】		主○ 第二次世界大戦の日本の敗因について分析し，平和で民主的な社会の形成についての意見を主体的に表現しようとしている。
テスト	・近代の世界と日本における基礎的な知識の定着をはかる。また，近代における世界のさまざまな事件が日本にどのような影響を与えたかを資料などから読み取り，説明する。		知○ 日本と世界の近代に関する基礎的な知識を獲得している。 思○ 近代がどのような特徴をもつ時代であったのか，資料から読み取って考察し，表現している。

評価場面❶（第4次）
第二次世界大戦が人々に何をもたらしたのか，資料から読み取って説明する

おもな学習活動と授業づくりのポイント

　第二次世界大戦を学ぶうえでの重要なポイントは，この戦争が「だれにとって，何であったのか」を明確に意識することである。

　多くの教科書では，学習者と同年代の青少年が戦時中をどのように過ごしたかに焦点を当て，「日本の子どもにとって，戦争は何であったのか」を理解するのを助けている。また，アジア諸国の様子などについても写真資料などが多く掲載され，「アジアの人々にとって，戦争は何であったのか」を生徒が読み取れるように工夫されている。本場面では，このような資料を読み取る活動を通じて，戦争にさまざまな立場の人々がかかわっていたことを理解したうえで，日本の植民地支配や占領を受けた地域の状況を適切に分析・表現できているかを評価する。

　第二次世界大戦は総力戦であり，日本においても，国内のみならず植民地や，さらには欧米から「解放」したアジア各地域に戦争協力を求めることが必要不可欠であった。日本軍は東南アジア各地で労働力や資源の収奪を行ったが，戦争協力を促すためには一定の社会福祉の提供や，インフラ整備もまた不可欠であった。一神教徒であるムスリムに天皇崇拝を強要して神以外を拝ませようとする無神経な政策を行うと同時に，学校教育におけるインドネシア語の普及を助けたケースもあった。アジア各地域にとっても，欧米からの独立のチャンスとして日本に協力する姿勢をみせながらも，必ずしも全面的には支持しなかった。

　本次の目標は，これらの複雑な事情をすべて理解することではなく，多面的な見方・考え方でアジアの人々にとってこの戦争がどのような戦争であったのかを考察し，表現することである。支配された人々の立場から，占領政策の問題点を考えられるよう，生徒を支援したい。

評価規準と評価課題

知識・技能	思考・判断・表現	主体的に学習に取り組む態度
	● 第二次世界大戦が人々に何をもたらしたのか，資料から読み取って植民地や占領地の人々の生活と関連づけて考察し，表現している。	

評価課題の例
資料1は，アジア向けの日本軍の宣伝ビラである。この資料から，日本がアジアに戦争協力を求める際に宣伝したことを読み取ろう。また資料2は，日本軍の指示により建設・運行された鉄道について述べられたものである。この資料から，戦争協力の中でアジアの人々は日本の占領にどのように対応しようとしたか，考えてみよう。

資料1

平和博物館を創る会 (1990)
帝国書院 (2022)

資料2

> **泰緬鉄道**
>
> 泰緬鉄道とは，太平洋戦争のさなかに日本軍鉄道隊が一年を要して建設した，タイとビルマ（ミャンマー）を結ぶ415kmの鉄道である。従事者は，日本軍の捕虜となった外国の兵士やアジアの人々であり，10人に7～8名が病気になるほど劣悪で非人道的な労働環境であった。また部隊によっては死亡率が37.8%にも上り，合計で約73,400名の命が失われたと考えられている。

吉川 (2019) をもとに作成

評価事例

Bと評価する例	Aと評価する例
資料1から，アジアの人々が力を合わせてイギリスを追い出そうと日本が主張していると読み取れる。しかし資料2からは，日本が戦争に勝つためにアジアの人々を厳しい労働に従事させたことが読み取れる。アジアの人々はつらかったと思う。	資料1から，アジアの人々が力を合わせてイギリスを追い出そうと日本が主張していると読み取れる。しかし資料2からは，日本が戦争に勝つためにアジアの人々を厳しい労働に従事させたことが読み取れる。アジアの人々は，日本に対して表立って反乱はできなくても，積極的に協力するのはやめようと考えたのではないか。

評価（判断）の理由

・アジアの人々の状況に言及できていればB評価とする。さらに，アジアの人々の立場になって，主体的な行動（例：力関係で表面的に抵抗することができない場合にどのような手段がとれるか）について考えることができていればA評価とする。

Cの学習状況に対する指導・支援の手だて

・「何なのかわからない」のように，資料の読み取りができていない場合はC評価とする。

・資料の読み取りを行う際に，「資料1で転げ落ちている人の服には，どこの国旗が描かれていますか」「日本人はどこにいますか」など，どこに着目すべきかを助言することで，資料の読み取りが苦手な生徒をサポートしたい。

・また，B評価からA評価へと生徒を支援する手だてとして，「かわいそう」で終わってしまう生徒には，自分がその立場ならどう切り抜けるか，と考えさせるように促したい。

評価場面❷（第5次）

第二次世界大戦の日本の敗因について分析し，平和で民主的な社会の形成について自分の意見を発表する

おもな学習活動と授業づくりのポイント

　第二次世界大戦の授業では，大戦が人類全体に惨禍を及ぼしたことを理解し，国際協調と国際平和の実現に努めることが大切であると気づけるようになることが求められる。ただし，授業における問いの立て方によっては，「戦争はよくない」と善悪論に終始し，より歴史的な見方・考え方を働かせた考察に基づく主体的提言まで踏み込めずに終わってしまう可能性がある。そのため，本次では，「日本はだれに負けたのか」を問いとし，日本の敗因を考える作業から，健全な民主主義や国際協調のあり方を模索する活動を行う。

　日本にとっての第二次世界大戦は，必ずしもアメリカとのみ戦った，太平洋のみを舞台とした戦争ではなく，中国やインド，東南アジアを巻き込んだ広い地域で多くの抵抗勢力を相手にした戦争であった。アジア諸国にとっては，日本は「欧米からの解放」をかかげながらも，結局はそれまでの宗主国にかわって収奪を行う存在であった。日本国民にとっては，生活難からの脱却に活路を見出す戦争であったにもかかわらず，耐乏生活と同調圧力下での不自由を強いられることになった。

　単元でのさまざまな学びを踏まえたうえで，生徒には柔軟で自由な考察を促したい。例えば，「だれに負けたのか」の「だれ」は，必ずしも国や勢力である必要はなく，「負ける」も，「敗戦を受け入れて降伏する」ことを指さなくてもよい。重要なのは，その敗因から適切な教訓が学び取れるかである。生徒が歴史批評を行う姿勢そのものを十分に評価し，主体的に考える態度の涵養につなげたい。

評価規準と評価課題

知識・技能	思考・判断・表現	主体的に学習に取り組む態度
		○　第二次世界大戦の日本の敗因について分析し，平和で民主的な社会の形成についての意見を主体的に表現しようとしている。
評価課題の例		

　第二次世界大戦が，日本にとってアメリカと「だけ」戦って負けた戦争ではないとすれば，日本はだれに（何に）負けましたか。

　そのことから，今後日本が平和で民主的な社会をつくっていくためには，国際社会や国内において何が大切だと思いますか。

評価事例

Ｂと評価する例	Ａと評価する例
独立を求めるアジア諸国に負けた。日本はアジアの解放者だといったが，実際は植民地的な支配を行ったため，アジア諸国を失望させ戦争への協力が得られなかった。植民地的な支配はよくないことである。	独立を求めるアジア諸国に負けた。日本はアジアの解放者だといったが，実際は植民地的な支配を行ったため，アジア諸国を失望させ戦争への協力が得られなかった。これは，自国にとって利益のある行動をとろうとするときに，他国の利益を顧みず，一方的に利用しようとして国際社会から孤立してしまう例である。現代でも，例えば経済協力や国際平和維持活動などにおいて，自国だけでなく相互に利益があるかどうかをよく考えることで持続可能な協力体制になる。

評価（判断）の理由

・歴史的事象を自分の言葉で説明し，自分の考えを述べていれば，Ｂ評価となる。さらに，第二次世界大戦の出来事から一般化された教訓を見いだし，それを現在の諸問題に応用しようとする姿勢があれば，Ａ評価となる。

・「具体」から「抽象」，そこからまた「具体」へと落とし込むプロセスは，中学校だけでなく，高等学校での歴史総合の学びにつながるものである。そこへの足掛かりとなるよう，授業中のさまざまな場面で「具体」と「抽象」の往還を行う態度を涵養したい。

Ｃの学習状況に対する指導・支援の手だて

・「中国に負けた。戦争をやろうと思ったのがよくない。戦争はとにかくよくないと思います」のような捉え方は，第二次世界大戦にかかわった人々は，置かれた状況も社会背景も多種多様であるという前提をもてていないことが考えられる。各人が置かれた状況をよく理解していないと，「この人にとって，戦争は何であったのか」を考察・表現することはむずかしい。「戦争は悪い」「戦争はつらい」以上のことを表現できない状態で止まってしまうこともある。

・つまずいた生徒がより具体的な考察を行いやすくするために，問いを細分化することは有用である。例えば，植民地や日本の人口の様子がわかる写真を提示し，「戦争前，この人はどのような状況にいましたか」「この人の生活で，戦争の影響を受けていると思われる点はどこですか」「そのような変化が起こった場合，この人はどのようにその状況から抜け出そうとしますか」など，具体的な問いを積み重ねることで，考察につなげられるようにサポートを行いたい。

現代の日本と世界

現代の国内外の出来事は，今のあなたの生活にどのように結びついているだろうか。政治，経済，環境，科学技術，文化などの視点から考え自分の言葉で表現しよう

学習前の生徒の状態と先生の願い

現代史っていっても自分たちが生まれるずっと前の話だし，遠い世界の出来事に感じるなぁ。

現代史は今の日本のあり方や生活に密接に結びついているのに，生徒はピンときていないようだ。今の自分につながることとして認識し，よりよい社会の実現に向けて考える力を身につけてほしい。

単元の特徴

　現代史は生徒が生きている今に直接的につながる内容である。しかし，15年も生きていない生徒にとっては，冷戦もバブル崩壊も生まれる前の「遠い過去の話」であることに変わりはなく，時代が近いからといって自分事として捉えやすいとはいえない。さらに，戦後史は冷戦構造やグローバリゼーションなど，国際社会の大きな枠組みに言及することの多い単元でもあるため，ともすれば自分とは関係ない遠い世界の出来事として生徒に認識されてしまう。それを「今，ここに生きる自分」に関連づけるところまで落とし込む仕掛けとして，生徒自身の生活につながる問いを作ることが極めて重要である。

評価のポイントとなる2場面と指導の手だて

　場面1では，戦後日本の方向性を位置づけたさまざまな制度改正から，生徒に特にかかわりの深い教育について取り上げ，身近な経験から歴史を評価する取り組みを行う。場面2ではさらに大きな視点で，当たり前の社会システムとして存在している資本主義に焦点を当て，その功罪を考えながら自分自身の身の回りにある問題につなげられるかを評価する。

指導と評価の計画

次	学習の流れ（◎）学習内容　（・）学習活動	おもな評価規準 ●:学習改善につなげる評価 ○:評定に用いる評価
1	◎日本の民主化と冷戦下の国際社会 ・戦後の改革と民主化について「民主化」をキーワードに自分の言葉で説明する。【評価場面❶】 ・日本国憲法制定までの流れを理解し，成立の意義についてクラスで話し合う。 ・冷戦が日本や世界各地に与えた影響についてクラスで話し合う。	思● 日本の民主化の流れを，教育制度と関連づけながら考察している。
2	◎日本の復興と冷戦下の世界 ・日本の国際社会復帰までの歩みを理解し，現在まで残る課題について整理する。 ・冷戦下のアジアで起きた戦争について，日本とのかかわりをノート等にまとめる。 ・高度経済成長を国際社会の動きと関連づけて説明する。	思● 日本の国際社会復帰までの歩みを理解し，現在まで残る課題があることを踏まえ，多面的・多角的に考察し，表現している。
3	◎グローバル化する世界と日本 ・冷戦終結の理由や，そのとき世界で起こったことを資料から読み取り，表現する。【評価場面❷】 ・「グローバル化」という言葉の意味を，諸資料から考察し，クラスで話し合う。 ・国際社会におけるこれからの日本のあり方について，自分の意見を発表する。	思○ 諸資料を読み解き，「冷戦が終結するとはどういうことか」について資本主義と関連づけて考察している。
4	◎過去から未来に向かう ・現在世界で起こっている諸問題の一つを取り上げ，その歴史的背景を説明したうえで，それに対して自分に何ができるかを表現する。	主○ 現代の日本と世界について，よりよい社会の実現を視野にそこでみられる課題を見いだし，主体的に追究，解決しようとしている。
テスト	・第二次世界大戦後の世界と日本のおおまかな歴史の流れについて基礎的な知識について答えるとともに，出来事の背景や関係性を考察・表現する。 ・グラフなどの諸資料から，時代の特徴を読み取る。	知○ 第二次世界大戦後から現在に至るまでの世界と日本の動きをおおまかに理解している。 思○ 諸資料が示す時代の特徴を読み取り，その意味を考察している。

評価場面❶（第1次）
戦後の改革と民主化について「民主化」をキーワードに自分の言葉で説明する

おもな学習活動と授業づくりのポイント

　戦後の民主化は，政治および経済分野において戦後の日本の方向性を決めるものとなったが，同時に教育の民主化もまたその後の「日本人」のあり方に大きな影響を与えた。戦後，日本の学校制度は大きく変化した。特に，国定教科書の廃止と，戦前の複線型の教育から，単線型の6・3・3・4制が取り入れられたことは，きわめて大きな変化であった。生徒自身が今そのただ中に身を置いている教育制度を，歴史の授業を通して見つめ直すことによって，戦後教育制度がめざそうとしたものと，それがどの程度目標を実現したかを考え，「民主化とはなにか」を生徒に問いかけたい。

　「民主化」「民主主義」という単語は教科書にしばしば登場するが，その言葉がもつ意味を実際の生活場面に落とし込むのはきわめてむずかしい。学校教育制度という身近な制度を題材に，民主化には意思決定に参加する機会が保証されるだけではなく，参加するための知識・能力を身につける機会が保証されることが大切であることに気づかせたい。また，現代においてその理想がどの程度実現しているかについて考えさせたい。

評価規準と評価課題

知識・技能	思考・判断・表現	主体的に学習に取り組む態度
	● 日本の民主化の流れを，教育制度と関連づけながら考察している。	

評価課題の例

　戦後の教育制度は，日本がどのような社会になることを目標としてつくられただろうか。また，その目標はどの程度実現されただろうか。資料から必要な情報を読み取り，「民主化」をキーワードに考えよう。

【資料】学校制度の変化（左1944年，右1949年）

文部科学省「学校系統図」をもとに作成

126

評価事例

Bと評価する例	Aと評価する例
戦前の学校制度では，早い段階から能力や性別で通う学校や受ける教育の内容を選別していたが，戦後にはみんながほとんど同じカリキュラムで教育を受けるようになっている。このような制度改正は，すべての国民が，政治や経済に参加できる能力を教育で等しく身につけることで，社会の民主化を進めることを目標としていた。このような目標はある程度達成できていると思う。	戦前の学校制度では，早い段階から能力や性別で通う学校や受ける教育の内容を選別していたが，戦後にはみんながほとんど同じカリキュラムで教育を受けるようになっている。このような制度改正は，すべての国民が，政治や経済に参加できる能力を教育で等しく身につけることで，社会の民主化を進めることを目標としていたと考える。 　このような目標は，現在，少なくとも中学卒業段階ではある程度達成できているが，性別や経済力によって大学への進学率は違うし，必ずしも教育の民主化は完全には達成されていないと思う。

評価（判断）の理由

・自分なりの言葉で，教育制度の変化と民主化の関係を説明し，達成度合いに言及していればおおむね目標を達成していると考え，B評価とする。

・上記に加え，達成できていることと，できていないことがそれぞれ述べられていればA評価とする。

・民主化の概念を実際の社会生活に落とし込んで説明することができている生徒がいれば，その生徒の発言内容をクラスでシェアするなどして全体の理解を深めたい。

・「どの程度」という問いかけをすることで，ある事象の成功と失敗の側面の両方を検討する，すなわち歴史を批評するよう生徒に促すことができる。生徒が過去と現代をつなげて考察することができていれば，おおいに評価したい。

Cの学習状況に対する指導・支援の手だて

・「教育制度の改革は民主化につながった」のように，資料から具体的な情報が読み取れていない，「民主化」という言葉の意味を自分なりに表現しようとしていない場合，C評価となる。

・資料の読み取りについてはグループワークなどで生徒同士の協働を促し，民主化については，政治の民主化のキーになったのが普通選挙の実施であったことを思い出させ，すべての人が，適切に候補者を選ぶためには，一人一人にどんな知識や能力が必要かについて考えさせるなど，段階を踏んで思考を深められるよう，声かけを行いたい。

評価場面❷（第3次）
冷戦終結の理由や，そのとき世界で起こったことを資料から読み取り，表現する

おもな学習活動と授業づくりのポイント

　現代史といえば冷戦終結まで，という感覚がぬぐえない教員もいるかと思うが，実際には1989年の冷戦終結から2023年現在までは34年間の歴史がある。第二次世界大戦後の歴史の長さだけでみれば，冷戦終結は，現代史のちょうど半分の地点にあるともいえる。

　「冷戦の後」に言及することは，生徒が生きる今につながる歴史学習とするためにきわめて重要である。冷戦の終結は，ソ連を中心とする社会主義体制が崩壊したことを意味し，これを「資本主義の勝利」と考えることもできるかもしれない。しかし現代を生きる生徒たちにも，中学生なりに資本主義社会の問題点を感じる場面もあることだろう。果たして資本主義は「勝利」をおさめた，「正しい」システムだといえるだろうか。冷戦終結のタイミングで描かれた風刺画を用いて，冷戦終結を資本主義の「勝利」と考えていいのかどうかについて，現代社会につながる学習の機会をもちたい。それは，歴史を自分事とするのみならず，冷戦後に発生したさまざまな紛争が，必ずしも文化や宗教の違いだけで発生するものではないことを生徒に理解させる一助となる。

評価規準と評価課題

知識・技能	思考・判断・表現	主体的に学習に取り組む態度
	○　諸資料を読み解き，「冷戦が終結するとはどういうことか」について資本主義と関連づけて考察している。	

評価課題の例

　風刺画を描いた人は，冷戦終結後の「おれたちのシステムが普及する」社会にどんな問題が起こると考えているだろうか。今，社会に存在する課題を踏まえたうえで答えよう。

　1989年12月12日にアメリカ合衆国の新聞『ヘラルド・トリビューン』に掲載された風刺画

　（ホームレスに話しかけて）「おい君！　楽しい季節がやってきたな。知ってたか？　資本主義の大勝利で，共産主義はこっぱみじんさ。おれたちのシステムが普及するんだ。おれたちが勝ったんだ！　さぁ，笑おうぜ！」

　大阪大学『平成13年度一般選抜前期日程（2月25日），地理歴史問題（世界史問題Ⅳ）』を参考に作成

評価事例

Bと評価する例	Aと評価する例
風刺画には裕福そうな人が貧しいホームレスに向かって，勝ち誇った様子をみせている。風刺画を描いた人は，「おれたちのシステムが普及する」世界は，行き過ぎた資本主義により，貧富の差が固定されたり広がったりしてしまう問題が起こると考えていると思う。	風刺画には裕福そうな人が貧しいホームレスに向かって，勝ち誇った様子をみせている。風刺画を描いた人は，「おれたちのシステムが普及する」世界は，行き過ぎた資本主義により，貧富の差が固定されたり広がったりしてしまう問題が起こると考えていると思う。 　今，世界的に一部の富裕層とそれ以外の格差が広がり続けているというニュースをみることがある。冷戦に資本主義陣営が勝ったとしても，資本主義の欠点を放置してしまうと，すべての人にとっていい社会にはならない。

評価（判断）の理由

・登場人物の風体や台詞などから，行き過ぎた資本主義に対して批判的な態度を示していることが読み取れていれば，おおむね目標を達成していると考え，B評価とする。さらに現代社会の課題に言及できていれば，A評価とする。

・現代社会で起こっているさまざまな問題が，冷戦終結の時点ですでに予見されていたことから，資本主義には元々改善すべき点が存在していることが理解できればなおよい。

Cの学習状況に対する指導・支援の手だて

・生徒の発言からキーワードを拾いながら，行き過ぎた資本主義が，しばしば戦後世界がめざしたはずの民主的な社会の実現を遠ざけてしまうことを理解させ，次の時間の学習につなげたい。

・この資料は台詞の読解がかなりむずかしく，「おれたちのシステム（資本主義）」がどんなシステムであるかに理解が及んでいないと風刺画の読み取りまでたどりつけない。「太ったおじさんが偉そうにしている」「セリフがよくわからない」のように，クラスの生徒の多くが台詞の意味を捉えることにつまずいているようであれば，資本主義について簡単な説明を補うことは有用である。労働者や資本家といった単語に言及しなくても，「自由な経済競争を行うことで，経済を発展させていく仕組み」程度の説明をすれば，競争に勝者と敗者が発生することを理解できるだろう。

第5章

公民的分野の評価プラン

- 私たちが生きる現代社会と文化の特色

- 現代社会を捉える枠組み

- 市場の働きと経済

- 国民の生活と政府の役割

- 人間の尊重と日本国憲法の基本的原則

- 民主政治と政治参加

- 世界平和と人類の福祉の増大

- よりよい社会を目指して

私たちが生きる現代社会と文化の特色

単元の学習課題　現代の社会的事象について関心を高め，諸課題について自分の考えを述べよう

学習前の生徒の状態と先生の願い

今の社会について勉強する意味ってあるのかな。インターネットのことや流行なら先生よりも私の方が詳しいよ。

現代社会の社会的事象について関心を高め，答えがない問いにも自分なりに考えて意見をもってほしい。

単元の特徴

　本単元で扱う現代社会・文化の特色は，現代にみられる特色であるため，生徒はその特色を特に意識することなく生活している。

　これまでに学習してきた地理的な見方・考え方である位置や空間的な広がり，歴史的な見方・考え方である推移や変化が，現代社会と文化の特色を形成していること，「持続可能な社会」を築くことが重要であることを考えられる問いを設定する。

評価のポイントとなる2場面と指導の手だて

　ここで述べられる私たちとは，授業者ではなく生徒を意味する。そこで，社会の変化とともに現代社会になってみられるようになった日常生活とかかわりの深い題材をもとにした授業評価場面を取り上げる。場面1で，これまで人間が行ってきた作業をAIを搭載した機械が代替する可能性とその課題を考察する。さらに場面2では，われわれ人間自身に科学技術の発達がもたらす可能性や生命倫理が問われる事象など，現代社会の諸課題の解決にねばり強く考えることができるように支援し，見取る。

指導と評価の計画

次	学習の流れ		おもな評価規準
	（◎）学習内容　　（・）学習活動		●：学習改善につなげる評価 ○：評定に用いる評価
1	◎**持続可能な社会に向けて** ・教科書に提示されている，現代社会や文化の特色を表すイラストや写真を通して，社会的事象の地理的な見方・考え方である位置や空間的な広がり，歴史的な見方・考え方である推移や変化などと，現代社会とのつながりについて考えたことを述べ合う。		思● 現代社会や文化の特色を表すイラストや写真を通して，位置や空間的な広がり，推移や変化などを多面的・多角的に考察し，表現している。
2	◎**現代社会の特色** ・社会的事象の地理的な見方・考え方である位置や空間的な広がり，歴史的な見方・考え方である推移や変化などに着目して，現代日本の特色としての少子高齢化，情報化，グローバル化などがみられることについて考えを文章にまとめる。【評価場面❶】		思● 情報化が現在と将来の社会および自分たちに与える影響について，多面的・多角的に考察し，表現している。
3	◎**私たちの生活と文化** ・容易には解決できない現代社会にみられる課題について，考えたことをもとに話し合う。【評価場面❷】		主○ 私たちが生きる現代社会と文化の特色に関心をもち，現代社会にみられる課題の解決を視野に自分の考えを述べようとしている。
テスト	・少子高齢化，情報化，グローバル化の様子がみられる具体的事例を取り上げ，それらが進行してきた要因や，現在と将来の政治，経済，国際関係に与える影響を考察し，説明する。		知○ 現代日本の特色として，少子高齢化，情報化，グローバル化などがみられることについて理解している。 知○ 現代社会における文化の意義や影響について理解している。 思○ 少子高齢化，情報化，グローバル化などが現在と将来の政治，経済，国際関係に与える影響について多面的・多角的に考察し，表現している。

社会的事象の地理的な見方・考え方である位置や空間的な広がり，歴史的な見方・考え方である推移や変化などに着目して，現代日本の特色としての少子高齢化，情報化，グローバル化などがみられることについて考えを文章にまとめる

おもな学習活動と授業づくりのポイント

　本次で扱う少子高齢化，情報化，グローバル化はいずれも現在，将来の社会に多大な影響を及ぼしていくといわれている。情報化に関しては授業者よりも生徒の方がその渦中におり，また，情報との向き合い方も刻々と変化している。学校現場においても，情報端末の使用を禁じていた時代から，情報端末とどう向き合っていくかに移行し，近年のコロナ禍においてその流れは一気に進んだ感がある。

　本次で取り上げるAIについても，AIがこれまで人間が行ってきた労働の多くを代替するとしてもそこでは新たな生き方が模索されて，新たな労働が生まれ，AIと共生する時代に到達するであろう。現時点でのAIを取り入れた労働場面について中学時代に考察したことが，今後，年齢を重ね人として成長していく過程で同じく進化を遂げるAIについて考えるきっかけとしたい。

評価規準と評価課題

知識・技能	思考・判断・表現	主体的に学習に取り組む態度
	● 情報化が現在と将来の社会および自分たちに与える影響について，多面的・多角的に考察し，表現している。	

評価課題の例

　一部の企業では，社員の採用にあたり，志望者が提出してきた書類（エントリーシート）の審査を，人工知能（AI）が行っている。

　そこで行われているのは，まず，これまでの応募者の書類をすべてAIに学習させ，そのうち合格者が提出した書類にみられる傾向をAIが分析する。そして，新しく届いた応募書類から，過去の合格者に近い傾向があるものをAIが選ぶことで書類審査の自動化が可能になるという。

　現時点では，すべてAIが行うのではなく，AIが行った審査結果を人がチェックするという方法で書類選考が行われることが多い。

　考えられるメリットやデメリットを，書類審査で過去の合格者に近い傾向がある人が選ばれることがその企業に与える影響をどのように考えるかも含めて複数の視点から答えなさい。

評価事例

Bと評価する例	Aと評価する例
メリット ・AIを活用することで担当者は振り分けられた書類を確認すればよく，業務量を減らすことができるので，採用業務を早く終えることができる。	メリット ・AIを活用することで担当者は振り分けられた書類を確認すればよく，業務量を減らすことができるので，採用業務を早く終えることができる。 ・正確さに優れるAIにより，これまでと同じ傾向の人が採用されるため，これまでの社員と同じレベルを保つことができるため社員構成，社員レベルが安定する。
デメリット ・人の採用業務に，人ではないAIがかかわることに対して，問題ないと考える人がいる一方で，納得できない人もいる。	デメリット ・人の採用業務に，人ではないAIがかかわることに対して，問題ないという考える人がいる一方で，納得できない人もいる。 ・その会社で働くために必要な能力や条件はこれまでに採用した人のような傾向がすべてとは限らず，これまでに性別，国籍，人種の偏りがあった場合，採用実績が少ない傾向のデータは蓄積されておらず不採用となる。また，多様性に富んだ人材がいなければ，社会が変化したときに対応できない恐れがある。

評価（判断）の理由

・業務の「省力化」とAI導入に対する「違和感・倫理観」といった項目，過去の合格者とよく似た傾向の人が採用されることでの「社員の質」といった視点に分けて評価項目を分類する。

・メリットとデメリットのそれぞれで，根拠を示したうえで1つの視点に言及しているものをB評価，2つの視点に言及しているものをA評価とする。

Cの学習状況に対する指導・支援の手だて

・C評価の学習状況の例として，根拠を示せない解答が考えられる。

・個別の支援としては，社員の採用に関しては，採用業務を担当する人事部社員，社長，採用試験に応募した人など，異なる立場の人がおり，それらの立場になったつもりで考えるように促す。

・スモールグループでそれぞれの生徒が考えたことを話し合わせることで，今回の事例のみならず，多面的・多角的な視点が存在し，それによって異なる考えが存在することに気づけるよう支援する。

容易には解決できない現代社会にみられる課題について，考えたことをもとに話し合う

おもな学習活動と授業づくりのポイント

　文化は人々の暮らしを便利にし，よりよい生き方の追求や，精神的側面を豊かにしているが，負の結果や，新たな問題を生み出すことも多くあり，私たちには文化をうまく役立てる倫理観や知識・技能が求められる。

　今回，学習課題として取り上げる遺伝子操作については，生活習慣病や遺伝子疾病を回避するために行われている技術であることから，人間の生命を守る働きが期待されている。デザイナーベビーに関しては，赤ちゃんをデザインするといった言葉の響きや内容，倫理的観点から否定的な見方が多いが，人間は見た目に支配される傾向があり，デザイナーベビーによってもたらされる内容に子どもの可能性を広げたり，幸福をもたらすと考える様子もみられ，悩ましい状況を提示しているのも事実である。どこまでが正しく，どこからが正しくないか，判断が分かれる根底に何があるのかを明らかにしようとする取り組みは，市民としての倫理・価値観の形成につながるとともに，物事を多面的・多角的に捉えようと主体的に学習に取り組もうとする態度を養うことにつながる。また次の単元である，現代社会を捉える枠組みをもとにした思考・判断への導入も意図している。

評価規準と評価課題

知識・技能	思考・判断・表現	主体的に学習に取り組む態度
		○　私たちが生きる現代社会と文化の特色に関心をもち，現代社会にみられる課題の解決を視野に自分の考えを述べようとしている。

評価課題の例

　高血圧やがんなどの生活習慣病には，遺伝するといわれる病気（遺伝的疾病）があり，遺伝的疾病になることを避けるために，生まれてくる子どもに対して特定の遺伝子を編集する技術（ゲノム編集技術）が注目されている。この技術は，生まれてくる子どもの目や髪の毛の色といった外見や，性別，性格などを選択することも実現可能とされており，こうして生まれた赤ちゃんを，デザイナーベビーという。

　現在は，肉厚になったマダイやもみの数を増やしたイネなどの「ゲノム編集食品」や，ゲノム編集による遺伝子治療の実現に向けた技術的研究が進められているが，デザイナーベビーの研究は禁止されている。いっぽうで，「生まれてくる子の福祉にかなう」などの条件を満たせばゲノム編集によって能力などの操作を認めようとする動きもみられる。

①「ゲノム編集食品」や「ゲノム編集による遺伝子治療」は認められているが，「デザイナーベビー」は認められていない理由を説明しなさい。
②条件によっては認めていくべきだという動きに対するあなたの考えを，理由とともに答えなさい。その際，ある条件が整ったり，状況により判断が変わる可能性があるか，可能性がある場合はどのような条件や状況なのか，可能性がない場合はその理由も述べること。

評価事例

Bと評価する例	Aと評価する例
①ゲノム編集食品は食料の増産につながり，ゲノム編集による遺伝子治療は遺伝子疾病を事前に避けることが可能になるので技術的研究を進め，安全性を確立すべきであることから研究が認められているが，デザイナーベビーについての外見は治療すべきことではない。性別・性格を選ぶようなことを人間の手で行うことは道徳的に重大な問題なので認められていない。 ②反対 　生まれてくる子は判断できないからといって，たとえ親がよいと思ったとしても，他人によって操作することは許されない。	①Bと同じ ②どちらともいえない 　「生まれてくる子の福祉にかなう」，言い換えれば「生まれてくる子のため」をどう考えるかによって，また，どんな「能力」なのかによって判断が分かれる。 原則反対 　生まれてくる子は判断できないからといって，たとえ親がよいと思ったとしても，他人によって操作することは許されない。ただし，生まれてくる子が幸せに生きることが確実な状況であれば，親の判断で認めてもよい。 反対 　生まれてくる子は判断できないからといって，たとえ親がよいと思ったとしても，他人によって操作することは許されない。どんな条件がそろっても本人は判断できないため認められない。

評価（判断）の理由

・問①に加え，問②の賛否の理由に言及できていればB評価とする。

・問②の後半部分，「ある条件が整ったり，状況によってその判断が変わる可能性があるかないか，可能性がある場合はどのような条件や状況なのか，可能性がない場合はその理由も述べる」まで言及できていればA評価とする。

・問②に関して，賛否や判断を変える条件の有無は評価に影響しない。判断を変える場合はその条件，変えない場合はその理由が書かれているか否かで評価する。

Cの学習状況に対する指導・支援の手だて

・「主体的に学習に取り組む態度」を評価する本場面の場合，粘り強く考える意欲や根拠に基づいて考えようとする知的態度から判断し，②で賛否の理由が書けていない場合，または，①②を通して理由が書けていない場合がC評価に相当する。

・個人思考の後に学級で意見交流を行う場面を設定し，生徒からの発言を授業者が解説することで，多面的・多角的な視点があることに気づかせる。

・場面1の学習を想起し，複数の立場，視点から考える方法があることを意識させることで考えやすくする。

・学習課題の提示の仕方によって，Cの学習状況となる生徒を生みにくい方法をとることも可能である。例えば，最初にデザイナーベビーに関して考察する場面を設定し，生徒の多数が「それは，やってはいけない」と考えている段階で，遺伝子工学は遺伝子疾病の回避を可能にする事実を生徒に伝えることで，思考する際に必要となる知識や視点を提示する。そのことで，結論を出すことは容易ではないが最適解をみつけようと，主体的に取り組もうと思えるような授業につながることが期待できる。

・生命倫理にかかわる内容を含むことから，授業者は生徒の発言内容を認識しておきたいため，スモールグループで対話を行う場面はつくらず，学級での意見交流を行う。

現代社会を捉える枠組み

単元の学習課題　対立を合意に導くために，「効率」「公正」を見方・考え方として現代社会を捉え，自分の考えを述べよう

学習前の生徒の状態と先生の願い

生徒　対立があるときはまとめるのはむずかしいし，多数決でいいんじゃないかな。

よりよい社会生活を送るために，「効率」と「公正」の考え方に着目して現代社会の課題を捉えてほしい。

先生

単元の特徴

　社会的存在といわれる人間の間で考え方や利害によって意見が対立した際に，自らの経験や主観をもとに判断するだけでなく，考えられる最善の結果にたどりつくために，主体的に多面的・多角的に思考・判断・表現しようとする態度を養う。

評価のポイントとなる2場面と指導の手だて

　社会的事象に対して自分の考えをもっているにもかかわらず，うまく表現できない生徒が多い。このつまずきは，社会的事象を捉えるための，現代社会の見方・考え方の基礎となる枠組みが確立できていないことに起因するケースが少なくない。

　場面1では，まず，学校などの社会集団においても行われる投票を事例に，対立する考えが生じている背景を理解したうえで，「効率」と「公正」の見方・考え方を駆使することでよりよいかたちの「合意」にたどり着くことができることを理解する。しかしながら，一度決めた決まりも実効性の有無などを継続的に評価し，場合によっては見直しが必要となる。場面2では，身近な事例をもとに，単元の学びを活用することが求められる問いに取り組むことで，社会的事象を捉える枠組みを活用するとともに，主体的に社会にかかわろうとする意識をもつように支援し，見取る。

指導と評価の計画

次	学習の流れ （◎）学習内容　　（・）学習活動	おもな評価規準 ●：学習改善につなげる評価 ○：評定に用いる評価
1	◎社会的存在として生きる私たち ・身近な例をもとに社会集団について知るなかで，私たち人間が社会集団の中で生きている社会的存在であるといわれる理由を説明する。	知● 「人間は社会的存在である」といわれる理由を理解し，具体的な事象を述べている。
2	◎決まりを作る目的と方法 ・考えや欲求も違うわれわれが共に生きていくうえでは対立が生じることがあるが，みんなが納得できる解決策を考え，合意を得る営みが大切であることを，身近な社会集団の例をもとに考え，話し合う。	思● 決まりが必要な理由について，対立と合意に着目し，学級，生徒会などの社会集団と関連づけて考察し，表現している。
3	◎効率と公正 ・ある投票方法について，なぜこの方法を採用しているかを，「効率」と「公正」の観点から述べる。【評価場面❶】 ・ある事例のよりよい解決方法を「効率」と「公正」の観点から話し合う。	知○ 合意がなされるための，決定の内容や手続きの妥当性について判断を行う際に「効率」や「公正」が代表的な判断の基準となることを理解している。
4	◎決まりの評価と見直し ・一度合意された決まりでも，新たな対立を生み出し，再び新しい合意が必要になることがあることを事例から考察し，自分の考えを述べる。【評価場面❷】	主○ 現代社会を捉える枠組みを理解し，現代社会にみられる課題の解決を視野に主体的に社会にかかわろうとしている。
テスト	・人間が社会的存在であることを身近な例から説明する。 ・成人年齢の引き下げなど，生徒にとって身近なもの，もしくは歴史的分野の中で学習した法律が改正された例を取り上げ，改正された理由を説明する。 ・ある決まりに対し「効率」と「公正」の考え方がどのように具現化されているかを説明する。	知○ 現代社会の見方・考え方の基礎となる枠組みとして，対立と合意，効率と公正などについて理解している。 思○ 対立と合意，効率と公正などに着目して，社会生活における物事の決定の仕方，決まりの役割について多面的・多角的に考察し，表現している。

おもな学習活動と授業づくりのポイント

「対立」する社会的事象を「合意」に導くためには，「効率」と「公正」の観点から多面的・多角的に考察し，表現することが必要となる。

本次の学習を通して，現代社会の見方・考え方の基礎となる枠組みとしての，「対立」と「合意」，「効率」と「公正」などについて理解できているか，多面的・多角的な考察を通して表現できているかなどを，確認する。

オリンピック憲章では，オリンピックの目的を「人間の尊厳の保持に重きを置く平和な社会の推進を目指すために，人類の調和のとれた発展にスポーツを役立てること」を根本原則の一つとしている。その目的を果たすために，毎回，複数の国が開催地に立候補し，IOCは多面的・多角的な観点から開催地を投票によって決定している。この事象について，本場面では，複数の都市が開催地として競うことを「対立」，開催地を「効率」と「公正」の観点から決定することを「合意」と意味づけている。

評価規準と評価課題

知識・技能	思考・判断・表現	主体的に学習に取り組む態度
○　合意がなされるための，決定の内容や手続きの妥当性について判断を行う際に「効率」や「公正」が代表的な判断の基準となることを理解している。		

評価課題の例

オリンピックの開催地は，206の国や地域が加盟するIOC（国際オリンピック委員会）総会で，100人前後のIOC委員による多数決投票で決まります。最初の投票でいずれかの都市が過半数を獲得すれば，その時点で決定します。過半数に達した都市がない場合は，獲得票の最も少ない都市を除外し，候補地を絞っていきます。投票は過半数を獲得する都市が出るまで続けられます。

立候補都市	1回目	2回目	3回目
リオデジャネイロ	26	46	66
マドリード	28	29	32
東京	22	20	
シカゴ	18		

（国際オリンピック委員会HPをもとに作成）

この場合，2016年の開催都市は3回目の投票でリオデジャネイロに決定。
総得票数が変動するのは，立候補都市がある国のIOC委員は投票できないことによる。

多数決かつ「効率」の観点から1回の投票で最も多く得票した都市を開催都市に決定するのではなく，この方法を採用している理由を，「公正」の観点に着目して説明しなさい。

評価事例

Bと評価する例	Aと評価する例
IOC総会で選出された委員による投票であるため，手続きの公正さが保障されている。 一つの都市が過半数を獲得するまで投票を繰り返すことで最後の投票では委員の票の過半数が有効票となることから，結果の公正さも保障されている。	立候補する都市がある委員が投票できないのは，その委員は正しく判断できないためにしかたがない。それ以外の委員全員が投票しているので，手続きの公正さが保障されている。 一つの都市が過半数を獲得するまで投票を繰り返すことで最後の投票では委員の票の過半数が有効票となることから，立場が変わってもその決定を受け入れやすくなる。また，決定された都市を最もふさわしくないと思っている委員も少数となるため，権利や利益の侵害は少ないと判断できるため，機会や結果の公正さも保障されている。

評価（判断）の理由

・本次で学習する，2つの「公正」の観点である「手続きの公正さ」と「機会や結果の公正さ」に言及されていればB評価とする。さらに，資料に着目し，全加盟国から委員を輩出しているのではないことから，立候補都市がある国の委員が投票できないこと，決定都市に最低評価を下している委員は少数になることなど，「公正」の観点を詳細に読み取ったうえで言及されていればA評価とする。

・上記のB評価の例では，決定された都市をふさわしくないと思っている人を減らす，すなわち，「不当に不利益を被っている人をなくす」といった「機会の公正さ」には言及できていないが，ここまでの要求はむずかしく，言及していなくても「手続きの公正」さについて述べられていれば，B評価に相当する。

・本次は，現代社会を捉える枠組みである「効率」と「公正」について理解する場面に当たるため，「効率」「公正」といった文言を使うことも評価の視点に含まれる。

Cの学習状況に対する指導・支援の手だて

・「一つの都市が過半数を獲得するまで投票を繰り返すことで最後の投票では委員の過半数が認めていることになるから」といった解答が予想される。

・本次のねらいは，「効率」と「公正」についての知識・技能を身につけることにあるため，「公正」に値する内容は記述できていても，それが「公正」または「結果の公正」にあたることに言及していない場合はC評価とする。

・個人思考の後，記述内容の共通点や相違点，表現できていない部分を補足し合うことをねらいとして，生徒間で話し合う機会を設ける。

・多くのつまずきは，「公正」の観点に関する理解がむずかしい点にある。今後の学習においても，繰り返し「公正」の定義を確認しながら粘り強く指導していくことが必要である。

おもな学習活動と授業づくりのポイント

　これまで学習してきたことを生かして，身近でみられる「対立」が生じている場面をもとに，「効率」と「公正」の観点から「合意」されたことが，その後の評価や社会の移り変わりによって見直されることがあることを事例から考える。本事例にある優先席は，社会の変化から設置されて現在に至るが，座席が必要な人に席を譲るという視点からは，高齢者や体の不自由な人が満席で座りたくても座れずに立っていても，優先席以外の席では譲らなくなってしまうなどのマイナス面も指摘されている。そこで，評価問題中の資料にみられるように全席優先席という，譲り合いの精神に基づき，どの席でも座席が必要な人に譲る取り組みが始まったが，その実効性から長く続かなかった事例を取り上げる。

　だれもが体験する，車内で席を譲るという身近な事例でありながら，容易に答えが出ない課題であり，決まりが見直された例をもとに，その賛否について，「効率」と「公正」の見方・考え方をもとに考察できるようになるとともに，現代社会を捉えることを目標とした授業を行う。

　本場面で取り上げた事例は，突き詰めると容易に答えが出ない課題を包含しており，このような事例は社会では多く存在していることを生徒に説明することも大切である。社会的課題に主体的に取り組む意識を高めるという視点から，個人思考の後，学級内でそれぞれが考えたことを出し合い，他者の意見をもとに熟考する場面をもち，再度思考をまとめる場面を評価する。

　なお，学級で考えを出し合う場面では，日本学術会議での提言（2020年）で示されている「子どものための哲学 philosophy for children（p4c）」による哲学対話などを取り入れることで主体的に学習に取り組むことができる。

評価規準と評価課題

知識・技能	思考・判断・表現	主体的に学習に取り組む態度
		主〇　現代社会を捉える枠組みを理解し，現代社会にみられる課題の解決を視野に主体的に社会にかかわろうとしている。

思考・判断・表現を評価するための評価課題の例
一度作られた決まりが見直されたことについて，下記の新聞記事の投稿者は，どの席にも乗客が座ることができ，乗客全員が席を譲ることができる全席優先座席が最も効率で公正であると考え，全席優先座席が復活すべきだと主張しています。あなたは優先席のあり方に対する投稿者の意見に賛成か反対かを示し，なぜそのように判断したのかを「効率」と「公正」の視点から答えなさい。

全席優先座席，復活切に願う

　先月末，阪急電車に乗ると，一部の座席に「優先座席」のステッカーが張られていた。毎日利用する私は，「全席優先座席」という考え方がとても好きだった。乗客のことを信頼しているように感じていた。実際，何度も席を譲っている光景を見たし，私自身も年配の人や小さな子どもを連れた人に席を譲ったこともある。阪急では，高齢者を中心にここ数年，苦情が年間十数件寄せられたため，「優先座席」を再導入したそうだ。

〈中略〉今後心配なのは，「優先座席」以外に座った人が，無関心になり，席を譲らなくなることだ。全席優先座席が復活することを切に願う。

（「朝日新聞」大阪本社版　2007年11月17日「声」をもとに作成）

* 「全席優先席」の取り組みは，2000年頃，一部の私鉄と地下鉄で行われたが，いずれも開始後10年以内に，一部座席を「優先席」とする，もとのかたちに変更されている。

評価事例

Bと評価する例	Aと評価する例
賛成 ・どの席に座っても譲るか譲らないかはその人の自由になるので，権利や利益の侵害にあたらず「機会の公正さ」の配慮にあたる。また，席が必要な人が座ることができて安心して乗車している状態は，立場が変わってもその結果を受け入れられる「結果の公正さ」の配慮にあたる。 反対 ・全席優先席はどの席も同じ扱いになり，お年寄りなど，席を必要とする人にとって優先席がないようにみえ，かえって効率が悪い。座席が必要な場合，優先席をめざせばよいので，こちらの方が効率は良い。	賛成 ・全席優先席にすると優先席が増え，車内のいたる場所で席を譲ることが起こるので座席を効率よく使える。また，どの席に座っても譲るか譲らないかはその人の自由になるので，権利や利益の侵害にあたらず「機会の公正さ」の配慮にあたる。席が必要な人が座ることができて，安心して乗車している状態は，立場が変わってもその結果を受け入れられる「結果の公正さ」の配慮にあたる。 反対 ・全席優先席はどの席も同じ扱いになり，お年寄りなど，席を必要とする人にとって優先席がないようにみえ，かえって効率が悪い。座席が必要な場合，優先席をめざせばよいので，こちらの方が効率はよい。さらに，高齢者からの苦情がみられるということは，実際には全席優先席では席を譲ってもらえないということなので，「結果の公正さ」は実現していないことを示している。

評価（判断）の理由

・賛成でも反対でも，「効率」と「公正」のどちらか一面の視点で判断して記述している場合はB評価，両方の視点が記載されていればA評価とする。最も「効率」で「公正」な合意に迫っている状態を理想として，視点や方法（考え方）において，「効率」と「公正」の過程を踏まえたにもかかわらず，「効率」か「公正」のどちらかが優先されている（犠牲になっている）場合はB評価とする。

・投稿者の意見への反対意見として次のような解答が想定されるが，本場面は，一度合意された決まりに対立が生まれた場合，見直しが行われる可能性があることを理解する時間にあたる。そのため，本次の観点では優先席のあり方に対する言及がみられないことから評価対象にならず，C評価とするが，前次（第3次）にある，現代社会を捉える枠組みの理解という観点で見取るならばB評価とする。このことは授業者裁量とする。

　例「苦情が出ていたため全席優先席の取り組みがなくなったということは，配慮されるべき高齢者の声を反映しており「手続きの公正さ」が形になっている」

Cの学習状況に対する指導・支援の手だて

・「効率」か「公正」の見方・考え方を含んでいても，「効率」「公正」を意識していることが読み取れない記述がC評価に相当する。

・「一度決めた決まりを変更するためには，また多くの人の合意を必要とし大変なので，投稿者の意見に反対」などの解答は，題意に沿っていないため評価に値しないことを生徒に事前に伝えておく。

市場の働きと経済

単元の学習課題　主権者として，よりよい社会の構築に向けて今日の経済活動に関する諸問題について課題を見つけ，解決の方法を考え，話し合おう

学習前の生徒の状態と先生の願い

生徒　経済ってなんかむずかしそうだし，中学生の自分にはまだ関係ないよ。

先生　実際は毎日接している「経済」を身近に感じてもらい，この後の学習でも必要な市場経済の基本的な考え方を身につけてほしい。

単元の特徴

　生徒にとって経済という言葉は馴染みのない言葉であるが，実際は生活のあらゆる面で接している。授業では，そのロジックを逆さに捉え，身近な学習課題を取り上げながら，経済の仕組みが理解できるよう展開する。

　経済が自分たちの社会生活にあらゆる面でかかわりをもっていることを認識し，なぜそのような経済の仕組みがあるのか，どのような役割を果たしているかを理解させる。

評価のポイントとなる2場面と指導の手だて

　経済の授業に興味をもたせることができるかどうかは，授業で生徒の日常に近い内容を取り上げていることと，そのことを生徒が自分事として捉えられるかどうかにかかっている。今回取り上げた2問ではそれぞれ，将来，労働を行い，そこで得た所得をもとに社会生活を行うことから自分事として考えることが容易である問いを設定した。

　場面1では，将来の労働という身近なテーマをもとに，市場経済の仕組みへの理解を深め，場面2では価格の決まり方を多面的・多角的に考えられるように支援し見取る。

指導と評価の計画

次	学習の流れ		おもな評価規準
	（◎）学習内容　　（・）学習活動		●：学習改善につなげる評価 ○：評定に用いる評価
1	◎消費生活と市場経済 ・身近な消費生活を中心に経済活動の意義について説明する。 ・消費者の権利を守るための仕組みをノートに記述する。 ・限られた資源の選択, 資源の効率的な分配など市場経済の基本的な考え方について発表する。		知● 身近な消費生活を中心に経済活動の意義について理解している。 思● 対立と合意, 効率と公正, 分業と交換, 希少性などに着目して, 消費生活を中心に個人や企業の経済活動における役割と責任について多面的・多角的に考察し, 表現している。 主● 市場の働きと経済について, 消費者主権の実現に向けて, 現代社会にみられる課題の解決を視野に主体的に社会にかかわろうとしている。
2	◎生産と労働 ・生活に必要な財やサービスがどのように生産されているかを, 資本主義経済の仕組みや企業に着目し, 考察したことを記述する。 ・社会生活における職業の意義と役割および雇用と労働条件について, 資料から課題を読み取り, 自分の考えを述べる。【評価場面❶】		知● 現代の生産の仕組みや働き, 勤労の権利と義務, 労働組合の意義および労働基準法の精神について理解している。 思○ 対立と合意, 効率と公正, 分業と交換などに着目して, 社会生活における職業の意義と役割および雇用と労働条件の改善について多面的・多角的に考察し, 表現している。 主● 現代の生産の仕組みや働き, 雇用と労働条件の改善などにみられる課題の解決を視野に自分の考えを記述している。
3	◎市場経済の仕組みと金融 ・市場における価格の決まり方について説明する。【評価場面❷】 ・金融の仕組みや働きについて社会における役割を記述する。 ・経済や金融のグローバル化が生活にどのような影響を与えているかを考え, 話し合う。		知○ 市場経済の基本的な考え方について理解し, 市場における価格の決まり方や資源の配分について理解している。 思○ 対立と合意, 効率と公正, 分業と交換, 希少性などに着目して, 市場経済の仕組みや金融を中心に個人や企業の経済活動における役割と責任について多面的・多角的に考察し, 表現している。 主○ 価格のきまり方や資源の配分, 利潤の分配, 経済や金融のグローバル化から課題を見つけ, 解決しようとしている。
テスト	・経済活動の意義, 市場経済の基本的な考え方, 市場における価格の決まり方や資源の配分, 現代の生産や金融などの仕組みや働き, 勤労の権利と義務, 労働組合の意義および労働基準法の精神について理解し, それらにみられる課題について記述する。		知○ 経済活動の意義, 市場経済の基本的な考え方, 市場における価格の決まり方や資源の配分, 現代の生産や金融などの仕組みや働き, 勤労の権利と義務, 労働組合の意義および労働基準法の精神について理解している。 思○ 対立と合意, 効率と公正, 分業と交換, 希少性などに着目して, 個人や企業の経済活動における役割と責任, 職業の意義と役割および雇用と労働条件の改善について多面的・多角的に考察し, 表現している。

社会生活における職業の意義と役割および雇用と労働条件について，資料から課題を読み取り，自分の考えを述べる

おもな学習活動と授業づくりのポイント

　義務教育最終年に当たる中学卒業後の進路はそれぞれ異なり，最も早い生徒は今年度中に，それ以外の生徒にとっても，いずれ職業を選択するときを迎える。個人の特性や希望に基づいて職業選択が行われると同時に，現代社会では，非正規労働者など多様な労働形態があり，労働をめぐる環境の違いが得られる賃金の違いとして表れることを理解することは重要である。

　このような状況から，主体的かつ正しい知識をもったうえで労働に就くことができるように生徒に考えさせる授業を行うことが必須となる。また，多様な労働環境や賃金の得られ方はどのような論理によって存在しているのか，そして，そこにみられる課題に着目し，主権者として，よりよい社会の構築に向けて，課題を解決しようとする力を養いたい。

　具体的には，教科書に掲載されていることが多い，求人票のサンプルを資料としたものを読み取り，正社員と正社員以外（パート，アルバイト，派遣労働者，契約労働者）では勤務条件，職種や仕事の内容はどのように異なるかを理解させる。その後，異なる労働形態が存在している理由を労働者，企業それぞれの視点でこれまでの学習をもとに考えさせ，スモールグループ等で意見交流させる。その後，正社員以外の割合が増加してきている実態にも触れたうえで評価課題へと移る。

　評価課題では，正社員・非正社員，および，性別による賃金格差を示す資料を提示し，労働環境にみられる課題について考察し，表現することを通して，社会および自分の問題として主体的にかかわろうとする態度の育成につなげる。

評価規準と評価課題

知識・技能	思考・判断・表現	主体的に学習に取り組む態度
	○ 対立と合意，効率と公正，分業と交換などに着目して，社会生活における職業の意義と役割および雇用と労働条件の改善について多面的・多角的に考察し，表現している。	● 現代の生産の仕組みや働き，雇用と労働条件の改善などにみられる課題の解決を視野に自分の考えを記述している。

評価課題の例

　授業および，右の資料から，労働の状況とそこにみられる課題の考察を行ったうえで，将来，自分が働くようになったときに，どのような点に注意して職業や勤務先を選べばよいか，自分の考えを述べなさい。

1年を通じて勤務した給与所得者の1人当たりの平均給与（2021年）

	平均給与			平均年齢	平均勤続年数
		うち正社員（正職員）	うち正社員（正職員）以外		
	千円	千円	千円	歳	年
男	5,453	5,699	2,668	46.9	14.2
女	3,020	3,889	1,623	46.8	10.4
計	4,433	5,084	1,976	46.9	12.6

令和3年分　民間給与実態統計調査（国税庁）

評価事例

Bと評価する例	Aと評価する例
今の日本には，男女の格差や高齢化に伴う課題はたくさんあるが，同じ労働を行うのであれば正社員かどうかにかかわりなく格差があまりないところで働きたいと思った。	正社員かどうかで賃金格差があることは，本人が今の働き方を自主的に選んでいればよいが，そうでなければ望ましくない。また，男女間で差がある理由が私は納得がいかない。男女で状況が異なる部分はあるかもしれないが，公正さに欠ける部分はなくすべきであるし，正社員ではない労働者がたくさんいるという現状については，企業は嫌がるかもしれないが正社員を増やすことで，労働者のやる気を起こし，労働者の生活を安定させるだけでなく，作業効率が上がるという観点から，企業にとってもよい影響を及ぼすと思う。

評価（判断）の理由

・雇用形態によって賃金格差が生じていることを考察できていればB評価とする。

・正社員かどうかおよび男女間で賃金格差が生じている現状認識だけではなく，その格差が本意か不本意かの如何によっては問題であることに言及している場合，A評価とする。

・賃金格差の現状から自分は正社員になることをめざすが，賃金格差があること自体を課題とは認識できていない場合は，B評価とする。

Cの学習状況に対する指導・支援の手だて

・「ちゃんと働いて，ちゃんと給料をもらってちゃんと暮らしたい」「働いた分たくさん給料が欲しい」といった解答が予想される。

・本単元ですでに資本主義経済の仕組みや企業に着目し，資本，利潤も学習している段階であるので，所得は労働者，企業双方の関係から設定されていくことを再度確認し，理解できるよう支援する。

・非正社員の割合が増加していることが，格差社会を生み出していることや，非正社員の労働者は生活の不安定さから未婚率が高いこと，それが少子化の原因の一つとなっていることを説明し，理解を促すとともに自分にもかかわりのあることとして捉えられるようにする。

・女性の平均所得が低い理由に関しても，結婚出産時に退職しなければならない人，子育てのため仕事をセーブしなければならない人がいることを，当たり前のことと是認せず，課題解決は男性にもできることがほとんどであることから，男性側の課題としても説明する。また，その影響もあり女性の管理職が少ない理由について資料等をもとに解説するなど，生徒が自分事として主体的にかかわろうとする態度の育成につなげる。

おもな学習活動と授業づくりのポイント

　価格が変動する身近な例をあげ，価格変動が起こる理由を導入とし，展開として市場経済において需要量と供給量のバランスによって均衡価格が決まる仕組みを，各教科書とも需給曲線の作成を含めて詳細に記す。

　本次の終末部では，導入でみた価格変動を均衡価格と結びつけ，評価問題を設定する。本次の内容を理解することは，すでに学習した賃金や株価がどのように決定，変動するのか，また，この後学習する為替相場や景気循環の説明にもつながっていく。そのため，本次の学習内容はできるだけ早い段階で理解させたい。

評価規準と評価課題

知識・技能	思考・判断・表現	主体的に学習に取り組む態度
○　市場経済の基本的な考え方について理解し，市場における価格の決まり方や資源の配分について説明している。		

評価課題の例

　これはある航空会社X社が，ある2つの都市を結ぶ飛行機の運賃です。なお，飛行機の機種，座席数はすべて同じです。

	木曜日	金曜日	土曜日	日曜日
9：00-10：00	7,000 円	7,000 円	15,000 円	11,000 円
（この間の便は省略）				
19：00-20：00	10,000 円	11,000 円 この価格は残り3席	7,000 円	16,000 円 この価格は残り2席
20：00-21：00（最終便）	7,000 円	11,000 円	7,000 円	14,000 円 この価格は残り4席

今日の授業で，学習した内容を活用して，次の①②について，丁寧に説明しなさい。
①X社の旅客運賃はどのような仕組みで決まっているか説明しなさい。
②なぜこのような価格になっているか，説明しなさい。

評価事例

Bと評価する例	Aと評価する例
①この航空会社では飛行機の座席を必要とする需要量と，飛行機の座席数にあたる供給量のバランスによって，運賃が変わる仕組みになっている。いくつかの便でみられるように，需要量が多い便ではさらに運賃が高くなる仕組みになっている。	①この航空会社では飛行機の座席を必要とする需要量と，飛行機の座席数にあたる供給量のバランスによって，運賃が変わる仕組みになっている。いくつかの便でみられるように，需要量が多い便ではさらに運賃が高くなる仕組みになっている。
②木曜日は仕事で使う人が多く，仕事帰りの人が多くなる19:00発の運賃に対して，20:00発は時間が遅くなるために運賃が安くなる。金曜日は仕事帰りの利用者に加えて，金曜日の仕事を済ませ，その夜から移動する旅行者も加わるため，19:00発，20:00発とも運賃が高くなる。土曜日の9:00発は休日の朝からの旅行者，日曜日の19:00発は帰宅する旅行者が多くなるので運賃が高くなる。	②木曜日は仕事で使う人が多く，仕事帰りの人で需要量が多くなる19:00発の運賃に対して，20:00発は時間が遅く，需要量が少ないために運賃が安くなる。金曜日は仕事帰りの利用者に加えて，金曜日の仕事を済ませ，その夜から移動する旅行者も加わるため需要量が多くなり，19:00発，20:00発とも運賃が高くなる。土曜日の9:00発は休日の朝からの旅行者，日曜日の19:00発は帰宅する旅行者で需要量が多くなるので運賃が高くなる。

評価（判断）の理由

・本次の目標は，需要量，供給量のバランスで均衡価格が決まることを理解することであるため，正しく理解した記述内容であるものをB評価またはA評価とする。

・①では，供給量，需要量という文言を使わなければ説明として成立しない。したがって①で供給量，需要量という文言を使って説明できているものをB評価以上とする。

・②では，供給量，需要量という文言を使わなくても正しく理解した記述内容であればB評価に値する。②においても，供給量，需要量という文言を使って正しく説明しているものをA評価とする。

・①，②の解答を総合して見取り，評価を行う。

Cの学習状況に対する指導・支援の手だて

・C評価の学習状況の生徒は，供給量，需要量といった知識と普段の社会生活がつながっていないことが考えられる。

・問いの解説を授業者だけでなく生徒同士で普段の生活場面でみられる例をあげながら説明し合う場面をつくることで，多くの場面で均衡価格が存在していることが理解できるようになる。

・以前学習した，株価の移り変わりを取り上げて説明して，既習事項とのつながりがみえるように支援する。

国民の生活と政府の役割

単元の学習課題　現代日本の大きな課題に関して，自分事として捉え，その解決に向けて考えたことをレポートにまとめよう

学習前の生徒の状態と先生の願い

生徒

何年か前に消費税が上がったけどなぜだろう。負担が多いのは嫌だし，下げてほしいな。

単元で学習する知識と自らが考える理想の社会とのつながりを思考し，抽象性のある概念知識として使えるようになってほしい。

先生

単元の特徴

　中項目B（1）では，市場経済の働きに着目していたのに対し，本単元では，市場の働きに委ねることがむずかしい，少子高齢化，国民の福祉，消費税増税，財政赤字といった諸問題に関して，国や地方公共団体が果たす役割，財政と租税の役割について多面的・多角的に考察・構想し表現するための，思考力，判断力，表現力を身につける。そこでは，対立と合意，効率と公正，分業と交換，希少性などに着目して課題を追求したり解決したりする活動を取り入れることが望まれる。

評価のポイントとなる2場面と指導の手だて

　国や地方公共団体が果たしている役割，財政，租税については，日常生活に根づいてしまっているため，生徒にとっては意識する機会が少ない。しかしそれは換言すると，あらためて私たちの生活を見つめてみることで多くの気づきがあることを意味する。そこで，場面1で身近なテーマ（税負担）をもとに社会保障制度の葛藤の理解を深め，さらに場面2では長期的視点から政府の役割と国民と福祉のあり方を考えることができるように支援し，見取る。

指導と評価の計画

次	学習の流れ		おもな評価規準
	（◎）学習内容　（・）学習活動		●：学習改善につなげる評価 ○：評定に用いる評価
1	◎**国民の福祉と財政** ・市場経済において，政府が果たしている役割を記述する。 ・景気変動に合わせてどのような財政政策がとられているか，金融政策と関連させて説明する。 ・税金の仕組みについて複数の視点から真の「公正」とは何かを考え，自分の考えを述べる。【**評価場面❶**】		知● 租税の種類や仕組み，政府が果たしている経済的な役割と課題について理解している。 思○ 所得税（累進課税）と消費税の税率の設定の仕方を比較し，税について，公正の視点から多面的・多角的に考察し，表現している。 主● 国民の生活と政府の役割について，現代社会にみられる課題の解決を視野に主体的に社会にかかわろうとしている。
2	◎**これからの日本の財政** ・日本の社会保障制度について理解するとともに，どのような課題があるかを考える。 ・これからの日本の財政について，これまでの学習や資料をもとに，多面的・多角的に考察し，説明する。【**評価場面❷**】		知● 日本の社会保障制度や財政について，どのような課題があるか理解している。 思○ これまでの学習によって得られた知識を構造化し活用することで，政府の役割と国民生活のあり方を長期的視点から考察，表現している。 主● これからの日本の社会保障制度と財政について，自分の考えを記述している。
3	◎**これからの経済と社会** ・循環型社会を実現し，環境を保全するためにどうすべきか，持続可能性の観点から，自分事として考えたことをレポートにまとめる。		知● 経済的な豊かさの基準にどのようなものがあるかを理解している。 思● 循環型社会を実現し，環境を保全するためにどうすべきか，持続可能性の観点から，自分事として考察し，表現している。 主○ 豊かな社会とはどのような社会で，それを実現するために私たちに求められることは何かを視野に主体的に社会にかかわろうとしている。
テスト	・累進課税と定率税について，それらが並立している理由，それぞれがどのような意味で公正であるか，および，定率税に逆進性の問題があることを説明する。 ・「より良い暮らし指標」「日本幸福度」（いずれもOECD作成）などの資料をもとに，これからの経済と社会のあり方に関する考えを記述する。		知○ 社会資本の整備，少子高齢社会における社会保障の充実・安定化，財政および租税の意義，国民の納税の義務について理解している。 思○ 対立と合意，効率と公正，分業と交換，希少性などに着目して，市場の働きに委ねることがむずかしい諸問題に関して，国や地方公共団体が果たす役割や，財政および租税の役割について適切に表現している。

評価場面❶（第1次）
税金の仕組みについて複数の視点から真の「公正」とは何かを考え，自分の考えを述べる

おもな学習活動と授業づくりのポイント

　かつて，消費税増税は，世論の反対にあい，起案されても日の目をみないことが繰り返された時代があった。税率が2桁に達した現在，さらに増税を行う議論は下火になっている。消費税は，日々の買い物に直結することもあり増税には反対意見がつきまとう。生徒にとっても，自分で稼いだお金ではないものの，唯一，納税している税にあたることもあり，増税を避けたいと思う気持ちが強い。しかし，授業者としては，本単元の後半で学習する財政との兼ね合いから，ただ負担額が増えるから増税に反対するといった思考からは脱却させたい。

　本次では，今後の学習を見通して，公正な税負担とは何かを考える。まず，所得税と消費税がそれぞれ累進課税と定率税であることと，累進課税と定率税の場合での実際の税負担額を確認する。そして，仮に増税するとすれば（減税でもよい），所得税の累進課税の仕組みを前回の平成25年度改正のときのように高所得者に対して税率を上げる場合と，消費税率を上げる場合が考えられるが，どちらが公正といえるかを考えさせる。

　税負担における真の公正とは何かを各生徒が考え，それぞれが意見を出し合うことで，多面的・多角的に考察し，思考が深まることをねらいとしている。

評価規準と評価課題

知識・技能	思考・判断・表現	主体的に学習に取り組む態度
	○　所得税（累進課税）と消費税の税率の設定の仕方を比較し，税について，公正の視点から多面的・多角的に考察し，表現している。	●　国民の生活と政府の役割について，現代社会にみられる課題の解決を視野に主体的に社会にかかわろうとしている。
評価課題の例		

次の問いに答えなさい。

　増税する必要が出てきたと仮定し，次の①②のどちらかを選択しなければならない
①消費税率を上げる
②累進課税の仕組みが採用されている所得税で，所得が多い人から税率を上げる

　それぞれどのような意味で公正であるかを判断し述べたうえで，①②のどちらを実行すべきだと考えるか説明しなさい。

評価事例

Bと評価する例	Aと評価する例
①働いた成果である所得に対して，たとえ同じ税率であっても所得が多くなるほど税を多く納めている。今回，これまで以上に所得の多い人の税率を高くするのは，努力して所得を得ていることを考えると公平とはいえず，税率が同じである消費税を上げる方が私は公正だと思った。	①これ以上，税率の差を広げると，高所得者層からの不満が大きくなるので，どの所得層も一律で税率を上げるのが，全員で負担するため一人一人の負担が少なくなり，国民からの不満の声がいちばん出にくいと思う。2つの選択肢はそれぞれに平等，公正の考え方はあるが，その定義が違うのだと思った。
②累進課税の仕組みをとることで所得の低い人が納める税額は変わらない。あまりお金を出さずに済むので貧富の差が少し解消される。これにより，所得の高い人と同じように所得の低い人も生活を維持できるという意味で公正である。	②税負担における公正とは，同じ税率をとることを公正とするか，税を取った後の所得が公正であるかで考えが分かれる。私は高所得者からたくさんの税をとってもまだその人の生活には余裕があるし，低所得者から税を取ってしまうと社会権である人間らしい生活が送れなくなると思い，高所得者層から税率を上げる方が公正だと思った。

評価（判断）の理由

・公平の視点で解説を試みている場合，B評価とする。

・公平かつ正しいと考える状態，すなわち公正の視点で解説している，または，どこで意見が分かれるかを解説している場合，A評価とする。

・公正の視点からの記述例としては「その人の経済力（支払い能力）に応じて税は徴収すべき」「消費税率を上げると同時に，低所得者の生活保護をもう少しきちんと行うべき」「今は所得が高い人も，かつて収入が少なかったころは累進課税で助けられていたのでは」などがあげられる。

Cの学習状況に対する指導・支援の手だて

・「同じだけ税率を上げないと，課税対象所得額が多い人の方が少ない人より手元に残るお金が少ないことになってしまう場合も出てきてしまう」のような，消費税率にみられる定率税，累進課税それぞれの意味が理解できていないものがC評価に該当する。

・上記の状態にある生徒に対し，理解できていないことを認識させたうえで，定率税は働き手だけではなくまだ働いていない中学生や，高齢者を含めてすべての世代が負担を分かち合う意味で公正で，累進課税は支払い能力に応じた税負担を行う意味で公正であることを，再度説明する。そのうえで，スモールグループ内で討議させ，A評価・B評価に値する解答の生徒が解説することも有効な手だてである。

おもな学習活動と授業づくりのポイント

　前次までの，租税，政府の経済活動，社会保障，少子高齢化の学習を通して，事実的知識およびそれらの関連を見つけながら公民分野における概念的知識を獲得しつつある生徒に，本次ではこれまでの学習で得た知識を有機的に結びつけ，創りたい社会，社会のあるべき姿を，社会の見方・考え方を働かせて根拠とともに表現させる。

　各自で考えたことを小集団や学級全体で話し合うことで，生徒間でどのような共通点や相違点があるかに気づき，そこにみられる立場や価値観を互いに認識することで，多様な理想の社会の形や，ものの見方・考え方があることをみつけ，生徒の多面的・多角的なものの見方，考え方の形成に生かせることをめざす。

　授業に際しては，まず，これまでの学習をもとに少子高齢社会の進行に伴う，社会保障と税や社会保障費の負担のあり方をスモールグループで討論させる。そのうえで，自分が理想とする社会のすがたを記述し，それらを実現するには「社会保障」「少子高齢化」「税のあり方」「財政規模」の4つの視点をどうすべきかを考えさせる。これは，私たちが考える理想の社会の形は多岐にわたることを実感させると同時に，思考する内容が4つの視点といった共通言語に揃えられることで，スモールグループでの討論の際，共通の話題にできること，さらには，単元で学習した個別の知識と，自らが考える理想の社会とのつながりを思考することにより抽象性のある概念的知識として使えるようにするためである。

評価規準と評価課題

知識・技能	思考・判断・表現	主体的に学習に取り組む態度
	○　これまでの学習によって得られた知識を構造化し活用することで，政府の役割と国民生活のあり方を長期的視点から考察，表現している。	

評価課題の例
自分が考える理想の社会とそこでみられる財政のすがたについて，「社会保障」「少子高齢化」「税のあり方」「財政規模」を4つの視点を参考にして，これまでの学習で得た知識や考えをもとに説明しなさい。

評価事例

Bと評価する例	Aと評価する例
・理想とする福祉が充実した社会に近づくためにはより多くのお金が必要とされるが，もうこれ以上国の借金を増やしてしまうのは，これからの国民にとって負担がとても大きいのでむずかしい問題だと思った。	・自分が考える理想の社会は，革新を求めながらも，慎重な社会である。また，財政については本当に最も有効に税金が使われているか十分な審議を尽くされたうえで行われるものだと思う。そのうえで子どものいる家庭へのサービスを増やし，かつ高齢者の自立を促す策をとることで，財政を安定させたいと思った。 ・私はサービスの充実した高福祉高負担の社会より，それをビジネスとしてお金の循環をよくし，低福祉低負担の社会の方がよいと思う。なぜなら，結局それが，自分の負担は自分で負うという平等な社会の実現につながると思うからである。

評価（判断）の理由

・理想の社会とそこでみられる財政のすがたについて記述している場合はB評価とする。

・B評価の内容に加え，記述の中に質的に高いレベルでこれまでの学習で得た知識や考えをみることができていればA評価とする。

・本次までの学習で，市場経済，租税，社会保障制度，財政の仕組みや現状を理解するにともない，生徒は経済を自分事として捉えるようになる。本設問は，大項目の終末場面で考察したことを表現するため評価は概ねAとなると考えられる。

Cの学習状況に対する指導・支援の手だて

・「犯罪がなく，争いがない世の中になったらよいと思う」といった解答は，説明として成立するほどの記述量がないこと，理想の社会の記述はみられるが，本単元の学習で得た知識や考えが明確には読み取れないことからC評価とする。

・このような学習状況にある生徒に対しては，その時々の身近な例を用いてこれからも主体的に生きていく社会に関して考えることの必要性や，多様性が認められる社会をつくることが自分たちにとっても社会全体にとっても生活しやすい社会につながることに気づけるようにする。また，中項目Dをはじめとする今後の授業・単元の中でそのことを実感できるように展開していくことを支援の手だてとする。

人間の尊重と日本国憲法の基本的原則

単元の学習課題　基本的人権の獲得が，人類の多年にわたる自由獲得の努力の成果であり，過去幾多の試練に堪えてきた価値あるものであることを理解し，そのさらなる実現について考え，まとめよう

学習前の生徒の状態と先生の願い

生徒

人は人間として尊重されるべきって当たり前のことでしょ。いまさら学ぶ必要ってあるのかな。

憲法で定められた基本的人権を，与えられたものとしてではなく過去の人々の不断の努力のうえにあることを実感してもらいたい。

先生

単元の特徴

　私たち人間は，長い歴史の中で徐々に人間として尊重される社会をつくりだしてきた。日本において，そのことは日本国憲法の中で具現化されている。私たちが人間として尊重されるということはどういうことかを，本質的に理解する第一歩として本単元が位置づけられる。現代に生きる私たちにとって，それらは自然と与えられたものではなく，人類の多年にわたる自由獲得の努力の成果であり，過去幾多の試練に堪えてきた価値あるものであることを理解することが必須である。一人一人が人間として，より尊重される社会をつくるには不断の努力が求められていることを学ぶために重要な単元である。

評価のポイントとなる2場面と指導の手だて

　場面1を通して，人はただ生かされているだけではなく，人として尊重されることが必要であり，自由獲得のために人類が多年をかけて努力してきたことを理解する。その後，場面2からその成果が今日の社会において具現化していることを考えられるよう支援し，見取る。

指導と評価の計画

次	学習の流れ		おもな評価規準
	（◎）学習内容　　（・）学習活動		●：学習改善につなげる評価 ○：評定に用いる評価
1	◎人権と日本国憲法 ・基本的人権の理念が，人類の多年にわたる自由獲得の努力の成果であり，過去幾多の試練に堪えてきた価値あるものであることを事例から考察し，表現する。【評価場面❶】 ・人間の尊重についての考え方を，基本的人権を中心に深め，法の意義を記述する。 ・日本国憲法がどのような考えに基づいてつくられているかをまとめ，自分の言葉で記述する。 ・日本国憲法が基本的人権の尊重，国民主権および平和主義を基本的原則としている意味を多面的・多角的に考察し，表現する。	知●	人間の尊重についての考え方を，基本的人権を中心に深め，法の意義を理解している。
		思○	基本的人権の理念が，人類の多年にわたる自由獲得の努力の成果であり，過去幾多の試練に堪えてきた価値あるものであることを見いだし，表現している。
		主●	人間の尊重についての考え方や日本国憲法の基本的原則などについて，現代社会にみられる課題の解決を視野に主体的に社会にかかわろうとしている。
2	◎人権と共生社会 ・日本にはどのような差別があり，差別をなくすためにどのような努力がなされてきたか説明する。 ・具体的な事例をもとに，基本的人権が保障されていることを理解し，それらが社会で不可欠なものであることを多面的・多角的に考察し，記述する。【評価場面❷】	知●	対立と合意，効率と公正，個人の尊重と法の支配，民主主義などに着目して，わが国の政治が日本国憲法に基づいて行われていることの意義について理解している。
		思○	自由権が保障されることが重要な理由を，個人の尊重の観点から考察し，表現している。
		主●	人間の尊重についての考え方や日本国憲法の基本的原則などについて，現代社会にみられる課題の解決を視野に主体的に社会にかかわろうとしている。
3	◎これからの人権保障 ・産業や科学技術の発展などをはじめとする，現代社会の複雑化・多様化にともない，日本国憲法には直接規定されていない権利が認められてきた理由を説明する。 ・国際社会にみられる人権上の課題と解決に向けた取り組みについて，文章にまとめる。	知○	産業や科学技術の発展などをはじめとする，現代社会の複雑化・多様化に伴い，日本国憲法には直接規定されていない権利が認められてきたことを理解している。
		思○	現代社会の複雑化・多様化に伴って新しい人権が認められてきた理由について多面的・多角的に考察し，表現している。
		主○	現代社会，国際社会にみられる人権上の課題の解決を視野に，主体的に社会にかかわろうとしている。
テスト	・日本国憲法が基本的人権の尊重，国民主権および平和主義を基本的原則としていることについて，世界と日本の歴史から捉えて記述する。	知○	日本国憲法が基本的人権の尊重，国民主権および平和主義を基本的原則としていることについて，世界と日本の歴史から理解している。
		思○	日本国憲法の基本原則に着目し，政治が憲法に基づいて行われていることの意義について考察し，表現している。

評価場面❶（第1次）
基本的人権の理念が，人類の多年にわたる自由獲得の努力の成果であり，過去幾多の試練に堪えてきた価値あるものであることを事例から考察し，表現する

おもな学習活動と授業づくりのポイント

　生徒に限らず現代に生きる人々にとっては，毎日の暮らしには，数多の基本的人権に裏打ちされた事象が溢れており，あたかも当たり前のものであると気にも留めずに生活している。本次の授業では，基本的人権の理念が，多年にわたる自由獲得の努力の成果であり，17世紀から18世紀の近代革命のもと人権の理念が確立されたことを，歴史的分野で学習したアメリカ独立戦争やフランス革命，そして教科書等に資料として掲載されているアメリカ独立宣言やフランス人権宣言の内容を再確認することを通し，理解する場面を設定する。その後，自由獲得にいたる過程にみられた事例をもとに評価課題を提示する。

　評価課題で取り上げるのは，独立宣言（1776年）から奴隷解放宣言（1863年）までの時代のアメリカ合衆国で起きた事象である。その後の判決では，弁護人が行った，奴隷として扱われていた女性を人間（個人）として尊重する主張は退けられて殺人罪は適用されず，逃亡の罪が適用される。授業の初めでは，裁判で弁護人が殺人罪を主張したことは生徒には伝えず，どのような主張をしたのかを予想させ，その後，殺人罪を主張したことを伝え，生徒の中に葛藤を生んだ状態から問いに移る方法が適当である。授業の最後には，ブラック・ライヴズ・マターを例に，実態としては現在も自由獲得の努力のさなかにあること，基本的人権は自然に存在すべきものであるが，その獲得や維持は自然に存在しているものではないことを考えさせたい。

評価規準と評価課題

知識・技能	思考・判断・表現	主体的に学習に取り組む態度
	○　基本的人権の理念が，人類の多年にわたる自由獲得の努力の成果であり，過去幾多の試練に堪えてきた価値あるものであることを見いだし，表現している。	

評価課題の例

　1856年，南北戦争前のアメリカで，当時はまだ奴隷とされていたアフリカ系アメリカ人女性マーガレット・ガーナーとその家族が，奴隷としての生活から逃れるために逃亡した。やがて，奴隷逃亡法の罪で捕まったが，捕まる直前に，奴隷として生活していく娘の今後を案じたガーナーは，娘を手にかけた。
　裁判で，弁護人は，ガーナーを弁護する立場から，彼女の行動は殺人罪にあたると主張した。

　なぜ，ガーナーの弁護人は殺人罪にあたると主張したのか，授業をもとに説明しなさい。
　なお，判決では，殺人罪は適用されず，逃亡の罪だけが適用された。

評価事例

Ｂと評価する例	Ａと評価する例
弁護人は，ガーナーやその娘は人間だから，人間が人間である娘を手にかけているので殺人罪にあたると主張している。	弁護人は，ガーナーは将来を案じたとはいえ娘を手にかけているので殺人罪にあたると主張している。そして，この主張は，ガーナーやその娘が人間であることが前提になっている。それは当然のことであり，かつ，法的にも事件が起きた1856年当時，アメリカは既に独立宣言において「人間はみな平等に作られ」「生命，自由，幸福の追求」を含む「権利を神によって与えられている」と宣言している。弁護人は，当時，奴隷とされていたアフリカ系アメリカ人のガーナーとその娘を人間として捉え，殺人罪を主張した。それに反する形で，ガーナーとその娘を人間として認めていない判決が下されている。

評価（判断）の理由

・ガーナーの弁護人が，ガーナーとその娘を奴隷ではなく人間としてみていることに言及できているかを見取る。そこに人権が存在しているからこそ，人が人を手にかけたのだから殺人罪に相当するという，当時はなかなかたどりつけなかったが，今では自明の事実となっている考え方を述べられていればＢ評価とする。

・本次で学習した基本的人権の理念が，多年にわたる自由獲得の努力の成果であることに気づき，当時奴隷とされていたアフリカ系アメリカ人とその子孫について，本次で確認したアメリカ独立宣言を根拠に言及できている，または，本来人間であるべきところ，当時は奴隷とされていた状態の中，弁護人が殺人罪に当たると主張する行為が「多年にわたる自由獲得の努力」にあたることに言及できている場合をＡ評価とする。

Ｃの学習状況に対する指導・支援の手だて

・Ｃ評価に相当するのは，逃亡罪よりも殺人罪の方が刑罰として重いと捉え，弁護人が殺人罪を主張していることが，ガーナー氏を人間として弁護していることに気づかない，または，気づいていてもそのことに同意できない記述にあたる。

・指導・支援の手だてとしては，自分たちの答えを持ち寄ってグループワークを行い，Ａ評価またはＢ評価にあたる生徒に発言を求める等の手順を入れ，最後に，授業者から，人間の尊重，人間の尊厳の重たさ，自由獲得の重大さを解説することで理解を促す。

・それでも理解できない生徒や感情的に納得できない生徒が出ることが予想される。前者のような生徒には，日々の生活の中で，自分の存在が蔑ろにされたときの悲しみや怒り，あるいは，自分の存在が尊重されたときの喜びなど，人としての尊厳が認められて初めて人として生きている実感を得ることができる事例をあげて説明する。後者に関しては，その主張は主体的に捉えている結果生まれる反応であると解釈したい。

**具体的な事例をもとに，基本的人権が保障されていることを理解し，それら
が社会で不可欠なものであることを多面的・多角的に考察し，記述する**

おもな学習活動と授業づくりのポイント

　基本的人権には，人間はかけがえのない個人として平等に配慮され，それぞれの生き方が尊重さ
れなければならないという個人の尊重の考え方が根底にある。人間の社会では，人や国それぞれの
考えや行動が時としてぶつかり，戦争や紛争に発展する様子がみられてきた。

　日本のように，国民の代表である国会議員や，高い志をもつ官僚が政治を行う国家は，主権者で
ある国民を尊重し，その幸福追求を任務として機能すべきである。しかし歴史は，国家が自分たち
にとって不都合な存在にあたると判断した国民に対しては不当に扱うことを明らかにしており，そ
れは現代社会においても後を絶たない。日本国憲法は，時に権力をふりかざし暴走しかねない国家
から個人の尊厳を守るために基本的人権を定めている。基本的人権の意味を本次で明らかにするこ
とは，国家やマスメディアが発する情報に対して，対立と合意，効率と公正，個人の尊重と法の支
配，民主主義などの視点から多面的・多角的に考察・判断し，政治参加の場面としての世論を形成
し，選挙において思慮深く投票行動を起こそうとするなどの主体的態度を養うことにつながる。

評価規準と評価課題

知識・技能	思考・判断・表現	主体的に学習に取り組む態度
	○　自由権が保障されることが重要な理由を，個人の尊重の観点から考察し，表現している。	●　人間の尊重についての考え方や日本国憲法の基本的原則などについて，現代社会にみられる課題の解決を視野に主体的に社会にかかわろうとしている。

評価課題の例

　日本国憲法第31条は，法定手続きの保障として，裁判官が出す令状など法定手続きがな
ければ逮捕など自由を奪われたり，刑罰を科すことを禁じている。
　身体の自由を保障するために，このような法定手続が保障されている理由を，法定手続が
正しく行われなければ，だれが国民の「生命若しくは自由」を奪いかねないのかに触れて，
歴史的分野で学習した戦前みられた様子と比較しながら説明しなさい。

　日本国憲法第31条　法定手続の保障
「何人も，法律の定める手続によらなければ，その生命若しくは自由を奪はれ，又はその他
の刑罰を科せられない。」

評価事例

Bと評価する例	Aと評価する例
戦前は，犯罪を犯していない人や反戦思想の持ち主に対して，逮捕や拷問を行い，人々の生命が脅かされ，身体の自由が保障されない状態がみられたので，戦後は法定手続きが必要になった。 　戦後に制定された日本国憲法では，身体の自由は，侵すことのできない永久の権利として憲法が保障する基本的人権であると位置づけ，法定手続の保障を明記している。	戦前は，政府の方針に批判的な考えや反戦思想をもっている人に対して，政府が逮捕や拷問を行い，生命が脅かされるなど，身体の自由が保障されない状態がみられた。 　戦後に制定された日本国憲法では，身体の自由は，侵すことのできない永久の権利として憲法が保障する基本的人権であると位置づけ，法定手続の保障を明記している。

評価（判断）の理由

・戦前の例をあげていればB評価，それに加えて，逮捕・拷問等が政府の行為として行われていたことが明記されていればA評価とする。

・本評価課題は，知識・技能を評価する場面には相当しないため，治安維持法の明記の有無は評価に関係しない。

Cの学習状況に対する指導・支援の手だて

・歴史的分野で学習した戦前の様子に関して詳細な記述は必要ないが，自由権が何からの自由を意味するかということについて理解することは，日本国憲法の原理を理解するうえで必須となり，これらを理解することは，歴史的経緯から思考することが早道になると同時に，憲法を身近なものと思える契機にもなるため，B評価として明記した解答例程度の事実認識は，公民的分野の学習においては必要である。そのため，戦前の様子が記載できていない場合はC評価とする。

・戦前と戦後では憲法が異なることや，それぞれの憲法において，国家と基本的人権はどのような関係であるかに着目し，歴史的分野で学習した内容を再度伝えるなどの工夫を行いながら支援する。

民主政治と政治参加

単元の学習課題　法に基づく民主政治の基本となる考え方に関する理解をもとに，自分の住むまちについて調べ，財政状況を他の市区町村と比較しよう

学習前の生徒の状態と先生の願い

生徒：民主主義といわれても，国会議員がいろいろ決めているから実感しづらいなぁ。

先生：自分の暮らしている国や自治体のことを深く知ろうとし，他と比較することで客観的に認識する力を養ってほしい。

単元の特徴

　民主政治を考えるときには，中項目C（1）で学習したように，人間は平等で価値あるものとして尊重される存在であるといった原点に立ちかえることが大切である。かつてイギリスの元首相チャーチルが「民主主義は最悪の政治といえる。これまで試みられてきた，民主主義以外のすべての政治体制を除けばだが」と評したように，長い歴史を通して人間がたどり着いた民主政治について，その基本となる考え方と政治参加について学ぶ。

評価のポイントとなる2場面と指導の手だて

　社会を構成する人間にとって，社会を維持，発展させるために政治を行うことは必須であり，われわれの生活は，常に政治の影響を受けている。政治権力をもつ人々は私たちに影響力をもつが，どうしてそのような力をもつのか，責任を負っているのかを場面1で学習する。国の政治の仕組みを理解した後に，身近な自治体における政治の姿を学ぶために場面2を設定し，自分が住む自治体の財政状況を近隣の市区町村と比較し考察することができるよう支援し，見取る。

指導と評価の計画

次	学習の流れ	おもな評価規準
	（◎）学習内容　　（・）学習活動	●：学習改善につなげる評価 ○：評定に用いる評価
1	◎現代の民主政治 ・議会制民主主義の意義，多数決の原理とその運用のあり方について説明する。【評価場面❶】 ・民主政治の仕組みのあらましや政党の役割を記述する。 ・一票の格差是正のためにみられる定数や選挙区割りの変更と，基本的人権の関連について考察したことを文章にまとめる。	知● 国会を中心とするわが国の民主政治の仕組みのあらましや政党の役割を理解している。 思○ 対立と合意，効率と公正，個人の尊重と法の支配，民主主義などに着目して，民主政治の推進と，公正な世論の形成や選挙など国民の政治参加との関連について多面的・多角的に考察，構想し，表現している。 主● 民主政治と政治参加について，現代社会にみられる課題の解決を視野に主体的に社会にかかわろうとしている。
2	◎国の政治の仕組み ・国会が国権の最高機関である理由を国民主権の観点から考察し，文章にまとめる。 ・行政の役割と仕組み，内閣の仕事，議院内閣制を国民主権と関連づけて文章にまとめる。 ・国民の権利を守り，社会の秩序を維持するために，法に基づく公正な裁判の保障があることについて説明する。 ・三権分立がとられている理由を三権の相互関係と国民主権の視点から考え，話し合う。	知● 国会，内閣，裁判所が担う役割，および，三権分立について理解している。 思● 国会，内閣，裁判所が担う役割，および，三権分立と国民主権との関連について多面的・多角的に考察，構想し，表現している。 主● 民主政治と政治参加について，現代社会にみられる課題の解決に向けて粘り強く取り組み，主体的に社会にかかわろうとしている。
3	◎地方自治と私たち ・地方自治において二元代表制がとられていることについて，国の政治との違いにも着目して考察し，表現する。 ・自分が住む地方公共団体の財政状況の把握とその背景を，近隣の市区町村と比較し，述べる。【評価場面❷】 ・地方自治が「民主主義の学校」と呼ばれる理由について話し合う。	知● 自分が住む地方公共団体の財政状況を示す資料を，作成することができる。 思○ 自分が住む地方公共団体の課題を調べ，解決のために自分にできることを考察，構想し，表現している。 思○ 地方自治が「民主主義の学校」と呼ばれる理由について，考察している。 主○ 地域社会への関心をもち，地方自治の発展に寄与する自治意識が高まっている。
テスト	・民主政治の仕組みのあらましや政党の役割，議会制民主主義の意義，多数決の原理とその運用，法に基づく公正裁判の保障，地方自治の基本的な考え方を理解し，民主政治の推進と，公正な世論の形成や選挙など国民の政治参加との関連について考察したことを文章にまとめる。	知○ 民主政治の仕組みのあらましや政党の役割，議会制民主主義の意義，多数決の原理とその運用，法に基づく公正な裁判の保障，地方自治の基本的な考え方を理解している。 思○ 民主政治の推進と，公正な世論の形成や選挙など国民の政治参加との関連について多面的・多角的に考察，構想し，表現している。

163

評価場面❶（第1次）
議会制民主主義の意義，多数決の原理とその運用のあり方について説明する

おもな学習活動と授業づくりのポイント

　本次では，法の下の平等が前提となる民主主義社会において，法を定め，税の使い道などを決めるなど，権力をもつ人々が存在している根拠を生徒に理解させたい。授業冒頭で，「主権者である国民の代表はだれ？」と問いかける。すると，生徒からは「総理大臣」という意見が最も多く，「天皇」と答える生徒もいるが，時間を追って「国会議員」と答える生徒も少数ながら出てくる。正解は「国会議員」であると伝えた後，それが「なぜか」と問いかけ，本次のねらいに入っていく。

　中項目A（2）で学習したように，人々の間で生まれる対立を，生徒たち自身にかかわる公共の課題として取り上げ，解決策を考えることで合意に導く働きを政治が担っている。その立場にある国会議員は，主権者である国民の意思を反映した働きをすることで，民主主義を具現化することができる。代表選出にあたっては，立候補の意思をもつ人々が国民にその意思を説明し，国民は主権者としてその意思を選挙権の行使を通して表し，そこで選ばれた人々は代表としての信託を受け，政治を行う。このことは，国民主権を具現化することにあたることを考えさせたい。

　授業の最後に，選ばれた人々が権力をもち，自分の意見に同意した人々だけでなく，意見が異なる人々を従わせる力をもつ根拠，および，権力をもつゆえにそこで心がけるべきことを考えさせ，民主主義政治の仕組みの学習を進めていく。

評価規準と評価課題

知識・技能	思考・判断・表現	主体的に学習に取り組む態度
	○ 対立と合意，効率と公正，個人の尊重と法の支配，民主主義などに着目して，民主政治の推進と，公正な世論の形成や選挙など国民の政治参加との関連について多面的・多角的に考察，構想し，表現している。	
評価課題の例		

　国会議員など政治を行う人々には，意見が異なる人々を含めてみんなを従わせる力をもつが，政治を行う人々がこのような力をもつ理由と，力をもつがゆえに心がけなければならないことを説明しなさい。

評価事例

Bと評価する例	Aと評価する例
政治を行う人々は，選挙を通して国民から選ばれたから，物事を決め，人々を従わせる力をもつ。 　このような権力をもつため，政治を行う人々は，少数意見も尊重しながら政治を行うことが求められている。	政治を行う人々は，選挙によって主権者である国民から選ばれた代表である。そのため，全会一致ではなくても，代表が集まって話し合った結果決まったことは，国民の代表が国民の利益や考えを具体的な決まりとして定めたことを意味するので，異なる意見をもつ人に対しても，その決定に従わせることが可能になる。 　このような権力をもつため，政治を行う人々は，少数意見も尊重しながら全体のために政治を行うことが求められている。

評価（判断）の理由

・本評価課題では，「主権者である国民」と，「国民を従わせることができる力をもつ権力者」の2つが理路整然と説明できるかがポイントとなる。

・国会議員は選挙で選ばれていることと，多数決の短所である少数意見が反映されにくいことへの配慮が記載されていればB評価とする。なお，少数意見の尊重は中項目A（1）で学習済である。

・B評価の内容に加えて，権力をもつ根拠として，主権者である国民の代表であること，および，全体の奉仕者であることが求められていることが記載されていればA評価とする。

Cの学習状況に対する指導・支援の手だて

・C評価の例は，答えが思い浮かばない，権力者が力をもつ理由には言及しているが，心がけなければならないことに言されていないなど，B評価の例の一部を記したものが想定される。

・憲法前文の前半部分「ここに主権が国民に存することを宣言し，＜中略＞その権力は国民の代表者がこれを行使し，その福利は国民がこれを享受する」を読み上げ，代表として国民の信託を受けていることから政治を行う人々が国民をまとめる権力をもつことを説明する。

・「なぜ，多くの場面で直接民主制ではなく間接民主制を取り入れているのかがわからない」「選挙に興味がもてない」「自分自身を主権者として捉えることができていない」ことが問いに答えられない原因の一つであることが考えられる。次時以降で，政党とは何か，一票の格差がなぜ問われるのかなどについて授業で考えることを，学習改善のための支援とする。

・紙幅の都合で記載できないが，実際の授業では一部教科書で掲載されているトゥールミン図式を作成させた。具体的な方法は，
「事実（首相，大臣，国会議員，知事，地方議員は社会に影響力をもっている）」
「主張（政治において，権力者が他の人々を従わせることができる）」
上記2点を事前に記載しておき，生徒は，理由（主権者に選ばれている代表），裏付け（憲法の条文からみつける），条件（主張が通用するための条件）を考え，最後に考えたことをつなぎ合わせて文章化させた。

評価場面❷ （第3次）
自分が住む地方公共団体の財政状況の把握とその背景を，近隣の市区町村と比較し，述べる

おもな学習活動と授業づくりのポイント

　本次では，「民主主義の学校」と呼ばれる地方自治がどのような考えに基づき，どのような仕組みで行われているかを学ぶ。そして身近に政治が行われていることを認識した後，どの教科書にも掲載されている，歳入および目的別市区町村歳出（合計）の歳出の変化をもとに，地方財政においては，財源不足が課題であることを学習する。

　授業の後半では，地方自治を生徒が身近に考えられるよう，生徒が居住する市区町村の歳出の様子を知る機会を設ける。私立学校など生徒の居住地が広範囲にわたる場合は，都道府県または学校が設置されている市区町村の歳出を取り上げる。そこでみられる歳出の様子を，教科書に掲載されている全国合計または近隣自治体等の適当な自治体と比較することで，当該自治体の歳出にみられる特徴を読み取ることができる。なお，全国の市区町村のデータは，総務省のweb上で公開されており，「総務省　決算カード」で検索すれば見つかる。

　比較によって明らかになる当該自治体の歳出の特徴に関しては，本場面での学習後，自治体が発行する市政ニュースをもとに生徒に調べさせたり，授業者が事前に自治体に問い合わせるなどすることで，生徒が地方自治を身近に感じることができるようにしたい。そのうえで，後の住民参加の拡大に関する授業につなぐ。

評価規準と評価課題

知識・技能	思考・判断・表現	主体的に学習に取り組む態度
● 自分が住む地方公共団体の財政状況を示す資料を，作成することができる。	○ 自分が住む地方公共団体の課題を調べ，解決のために自分にできることを考察，構想し，表現している。	

評価課題の例		

① PC，タブレット等を使って，自分が住む市区町村に関して教科書に掲載されている「市区町村の歳出」にあたる資料を作りましょう。資料を得るためのアクセス先は先生から指示します。EXCELを使い作成し，教科書と同じ9項目に入らないものはすべてその他に含め，表にまとめなさい。

②①で作成した，自分が住む市区町村の財政状況と，教科書に掲載されている市区町村の歳出（合計），および自分が住む都道府県の県庁所在地がある自治体（自分が住む市区町村が都道府県庁所在地の場合は，隣の都道府県の県庁所在地の歳出）を比較し，あなたの住む自治体にみられる特徴と考えられる理由を答えなさい。

例）平成30年度の大阪府茨木市と大阪市の歳出の比較

茨木市		区分	大阪市	
決算額	構成比		決算額	構成比
41,332,935	47.9	民生費	725,557,200	41.3
7,439,338	8.6	総務費	77,697,256	4.4
8,855,693	10.3	土木費	193,983,263	11.0
10,742,753	12.5	教育費	246,310,698	14.0
7,487,762	8.3	衛生費	82,328,159	4.7
997,607	1.2	商工費	86,966,977	4.9
3,047,960	3.5	消防費	37,126,377	2.1
386,440	0.4	農林水産業費	99,158	0.0
5,048,367	5.9	公債費	293,062,622	16.7
1,164,707	1.4	その他	15,440,074	0.8
86,503,562	100.0	歳出合計	1,758,571,784	100.0

茨木市HP，大阪市HPより

評価事例

Bと評価する例	Aと評価する例
①略（一例は前頁に掲載の通り）	①略（一例は前頁に掲載の通り）
②大阪市との比較 　大阪市より歳出規模が小さい。 　農林水産業費の占める割合が高く，大阪市よりも農業がさかんである。	②大阪市との比較 　政令指定都市の大阪市と比較すると歳出規模が小さい。商工費の割合が低いが，商業施設や工場が大阪市に比べて少ないことを意味していると思う。農林水産業費が占める割合が大阪市よりも高いのは，市北部に農業を行っている地域が広がっているからではないだろうか。公債費の占める割合が大阪市よりも低く，市民としては少し安心した。
全国合計との比較（教科書記載の平成30年度との比較） 　民生費の割合が高い。 　農林水産業費の占める割合が低い。 　公債費の占める割合が低い。	全国合計との比較（教科書記載の平成30年度との比較） 　福祉関連費用にあたる民生費の割合が10ポイントも高いのは福祉に手厚いということだろうか。農林水産業費の占める割合が低いのは，住宅が広がっていることや，平日の朝に駅でみられる光景から考えて，茨木市が大阪や京都で勤める人のベッドタウンだからだと思う。公債費の占める割合が全国よりかなり低く，市民として少し安心した。

評価（判断）の理由

・数値を読み取ることができ，いくつかの項目で比較ができていればB評価とする。

・B評価の内容に加えて，そこにみられる背景を住民ならではの視点から実態に沿った考察を行っていればA評価とする。

・実際に取り上げた自治体によってみられる傾向が異なるため，どの程度読み取れているか，考察しているかによって各評価を振り分けることになる。

Cの学習状況に対する指導・支援の手だて

・個人思考の後，スモールグループで気づいたことを意見交流する。その際，自分が作成した表を指で指しながら，グループ内のメンバーにわかりやすく説明するよう指示する。

・「市役所の近くに新しく市の施設を建設しているね」など，当該自治体の様子を組み込みながら解説することはイメージがわきやすくなる有効な手だてである。

・都市部と地方など同じ都道府県内にある自分たちが住む自治体との違いが顕著である自治体を授業者が提示することで，決算額や構成比などの数値の意味する実際のすがたがみえてくる。

・「決算カード」に記載されている，地方税，地方交付税，地方債などの数値，または，ふるさと納税，人口減少，地方創生など各学校の所在地での学習につながるトピックを取り上げる。

世界平和と人類の福祉の増大

単元の学習課題　さまざまな国際問題に対し，どのような取り組みが必要か，国家，個人等のスケールでこれまでに学習してきたことを生かしながら，考えたことを話し合おう

学習前の生徒の状態と先生の願い

国際社会っていわれてもピンとこないな。自分と何か関係があるのかな。

国際社会の問題を他人事ではなく自分事として捉え，主体的にかかわろうとしてほしい。

単元の特徴

　これまでの単元では，自分の身近な事柄や国内での社会的事象を考える機会が多かったが，本単元では「世界」「人類」がキーワードとなる学習を進める。毎日のように国際社会の課題が報道され，その影響が私たちの生活にも及んでいる。中学生にとって国際社会は未知の世界であるため，生徒によって関心の高さに差があるが，これまでの学習した身近な話題のその先に国際社会はつながっている。そのため本単元では，これまでに身につけた，知識・技能，思考力・判断力・表現力，主体的に学習に取り組む態度といった資質・能力が生かされることとなる。また，本単元は，中学生として最後の新年を迎え，卒業まであとわずかとなった時期に学習する。そのため，義務教育を終えて次の進路に向かうための進路選択と，自分がこれから生きていく社会がどのように結びついていくかを意識させながら進めていくようにしたい。

評価のポイントとなる2場面と指導の手だて

　場面1では世界平和と人類の福祉の増大の根本概念を理解させ，自分の言葉で説明ができるよう指導を行う。いっぽうで，国際社会という言葉の響きは中学生にとっては遠い話にも感じ取られる。そこで場面2では，自分とかかわりがあることを意識できるような問いを設定し，授業者は生徒が自分事として国際平和について考え，主体的に社会にかかわろうとするよう支援し，見取る。

指導と評価の計画

次	学習の流れ		おもな評価規準
	（◎）学習内容　　（・）学習活動		●：学習改善につなげる評価 ○：評定に用いる評価
1	◎国際社会の仕組み ・国際社会において，国家が互いに尊重し合うために大切な理由を説明する。【評価場面❶】 ・国際連合をはじめとする国際機構などの役割が大切な理由を説明する。 ・地域主義がもたらすことを協調の観点から話し合う。		知○　世界平和の実現と人類の福祉の増大のためには国際協調の観点から，国家間の相互の主権の尊重と協力，各国民の相互理解と協力が大切であることを理解している。 思○　対立と合意，効率と公正，協調，持続可能性などに着目して，国家間の相互の主権の尊重と協力が行われていることを，考察し，表現している。 主●　世界平和と人類の福祉の増大について，現代社会にみられる課題の解決を視野に主体的に社会にかかわろうとしている。
2	◎さまざまな国際問題 ・どのような環境問題があるか資料で調べる。 ・戦争のない世界を実現するためにどのような取り組みが必要か，国家，個人等のスケールで協調の観点から考えたことを述べる。【評価場面❷】 ・難民問題の解決に必要なことを話し合う。		知●　国際社会においてどのようなことが問題になっているか，その原因が何であるかを理解している。 思●　地球環境，貧困や飢餓，地域紛争，難民問題など，さまざまな国際問題を，協調，効率と公正の観点から考察し，表現している。 主○　世界平和と人類の福祉の増大について，自分の考えを述べようとしている。
3	◎これからの地球社会と日本 ・国際社会における日本の役割について考えたことを話し合う。 ・「人間の安全保障」とはどのような考え方かわかったことを文章としてまとめる。		知○　国際社会において，日本と世界がどのような協力を行っているか理解している。 思○　国際社会における日本の役割を多面的・多角的に考察，構想し，表現している。 主○　世界平和と人類の福祉の増大について，現代社会にみられる課題の解決を視野に主体的に社会にかかわろうとしている。
テスト	・国際協調の観点から，国家間の相互の主権の尊重と協力，各国民の相互理解と協力および国際連合をはじめとする国際機構などの役割が大切であること，地球環境，資源・エネルギー，貧困などの課題の解決のために経済的，技術的な協力などが大切であることなど，今までの学習を有機的に結びつけて記述する。 ・日本国憲法の平和主義をもとに，国際社会における日本の役割について，今まで学んだことと，資料をもとに考え，記述する。		知○　世界平和の実現と人類の福祉の増大のためには，国際協調の観点から，国家間の相互の主権の尊重と協力，各国民の相互理解と協力および国際連合をはじめとする国際機構などの役割が大切であることを理解している。 思○　対立と合意，効率と公正，協調，持続可能性などに着目して，日本国憲法の平和主義をもとに，わが国の安全と防衛，国際貢献を含む国際社会におけるわが国の役割について多面的・多角的に考察，構想し，表現している。

おもな学習活動と授業づくりのポイント

中項目D（1）は，これまでに，現代社会をみて（大項目A），豊かな暮らしとは何か（大項目B），民主主義とは何か（大項目C）について考えてきたことをもとに，対立と合意，効率と公正，協調，持続可能性などに着目して，世界平和のために何ができるかを考えることを目的としている。

本次の位置づけは，世界平和と人類の福祉の平和とこれまでの学習で生徒が培ってきた学力を繋ぐことにある。

授業づくりとしては，教科書を用いて主権国家とは何かを学ぶ方法もあるが，ここでは，「国家に主権があるとはどういうことか」と板書し，その後，ノートもしくはワークシートにウェビングマップ等，それまでに各校で，教科，総合的な学習の時間に使用してきたツールをもとに書き出す作業を行う。授業者は，作業を行う前に，「これまで学習してきたことを生かすとよい」と生徒にヒントを与える。その後，スモールグループで互いに作成したものを見せ合うか，ある生徒が描き出したものを，実物投影機，ICT機器を使うなどの方法でスクリーンに映し出し共有する。その後，国家の三要素，領域，内政不干渉の原則について説明したうえで，下記の課題を提示する。

本次で得た知識および概念をもとに，国際協調の観点から，国家間の相互の協力および国際連合をはじめとする国際機構などの役割の重要性を理解することが可能となる。

評価規準と評価課題

知識・技能	思考・判断・表現	主体的に学習に取り組む態度
○　世界平和の実現と人類の福祉の増大のためには国際協調の観点から，国家間の相互の主権の尊重と協力，各国民の相互理解と協力が大切であることを理解している。		

評価課題の例
今日の授業をもとに，次の問いに答えなさい。 　国家には主権があるが，国際社会において，他国の主権が尊重されなければならない理由を説明しなさい。

評価事例

Bと評価する例	Aと評価する例
それぞれの国家は，国民と領域を有しており，そこでは自国の内政と外交について独自に決定できる権利である主権をもっているから。	それぞれの国家は，国民と領域を有しており，そこでは自国の内政と外交について独自に決定できる権利である主権をもっている。また，現代の国際社会は，人間の尊厳が認められ人間が平等であるように，そこに人間が生活していることから，かつてのような植民地支配を認めないようになっており，各国は対等な関係になっているから。

評価（判断）の理由

・主権・住民（国民）・領域の三要素から問いに答えられているものをB評価とする。

・B評価の記述に加え，これまでの学習を活かして国家間の関係が対等であることに触れられていればA評価とする。

・国家の三要素に触れていなくても，国家間の関係が対等であることに触れていた場合はB評価とする。

・生徒の解答は，用語を使用しているとは限らないため，生徒が書いた文言を，それぞれ用語に置き換えながら評価していくことも必要である。

Cの学習状況に対する指導・支援の手だて

・C評価の例としては，国家の三要素の2つ以下にしか触れられず，国家間の関係が対等であることにも触れられていない記述が相当する。

・個人思考の後にスモールグループでそれぞれの考えを持ち寄る，または，学級全体で意見を発表させる際に解説を行い，他の生徒の考え方に触れさせることで支援を行う。

・各国の主権が尊重されていることの事例として，日本と近隣諸国，または，国際関係上で授業時に起こっている一場面を取り上げて解説する。

・本場面の前に生徒が作成したウェビングマップ等に理解・考察するための手がかりが隠れていると思われる。可能であれば生徒が作成したウェビングマップ等を授業者が一緒に眺めて，どこまで考えられ，どこでつまずいたかを明らかにする。そして，そこに記されている文言で，次時以降につながるものがあれば，今後そのことを取り上げることを伝えると，生徒の考えが深まるとともに，主体的に学習に取り組むための手だてにつながる。

評価場面❷（第2次）
戦争のない世界を実現するためにどのような取り組みが必要か，国家，個人等のスケールで協調の観点から考えたことを述べる

おもな学習活動と授業づくりのポイント

　戦争の惨禍を経験し平和主義を掲げる日本で生活している中学生にとっては，本次で学習する地域紛争や民族紛争は遠い世界の出来事に感じられる傾向がある。それでも，成長するに従い，世の中のことを理解しつつあるために，映像や文章で戦争を目の当たりにすることが多くなる。入学当初は，「世界は大変だ，平和な日本に生まれたことを幸せに思う」という主旨の意見，感想が散見されるが，それは学年が上がるとともにみられなくなり，義務教育の最終段階になると，自分にも関係がある，自分にもできることがある，いつか平和がなくなるかもしれないなど，自分事として考えられるようになってくる。

　授業の中では，子ども兵（少年兵）に触れる場面を設定する。現在，25万人以上が徴用されている（アムネスティ・インターナショナル）事実や，中学生が身近に考えられるという意味で，複数の教科書や副教材には資料として，子ども兵（少年兵）が写真とともに紹介されている。また，ショートムービー7本で構成される『それでも生きる子供たちへ』（ジョン・ウー他，2008）の中に納められ，子ども兵を題材とする「タンザ」（約20分）を視聴することも有効である。子ども兵となる少年の中に残っている子どもらしさが胸をうつ話である。

　生徒の中にはまた，「世界は大変だけど，平和な日本に生まれたことを幸せに思う」といった考え方が頭をもたげる生徒も出てくる。ここで，課題を提示する。

　この課題に取り組むことで，地域紛争や戦争のない世界を実現するために必要な取り組みに対して公正や協調の観点から自分事として考察する場面に向かう。

評価規準と評価課題

知識・技能	思考・判断・表現	主体的に学習に取り組む態度
		○　世界平和と人類の福祉の増大について，自分の考えを述べようとしている。

評価課題の例

次の文章は，ヒトラーが著書において述べたものです。これを読み，後の問いに答えなさい。

> 宣伝の技術はまさしく，それが大衆の感情的観念界をつかんで，心理的に正しい形式で大衆の注意をひき，さらにその心の中にはいり込むことにある。〈中略〉宣伝におよそ学術的教授の多様性を与えようとすることは誤りである。大衆の受容能力は非常に限られており，理解力は小さいが，そのかわり忘却力は大きい。この事実からすべて効果的な宣伝は，重点をうんと制限して，そしてこれをスローガンのように利用し，そのことばによって，目的としたものが最後の一人まで思いうかべることができるように継続に行われなければならない。
>
> （『わが闘争（上）』（角川文庫）P.260 より）

　これまでの学習を振り返り，地域紛争や戦争のない世界を実現するために自分ができることは何かを考え説明しなさい。

評価事例

Bと評価する例	Aと評価する例
人間はそれぞれ意思をもつので時に対立するが，話し合いで解決することが大切だ。地域紛争や戦争を起こすのは一部の人間のやることだが，ヒトラーの言葉にあるようにわかりやすい言葉で一つのスローガンを繰り返しいわれて思考力を奪われてしまうと，その暴走を止めることができない。だから，そうならないために，これからもいろいろな視点から物事を考えて判断することが大切だと思った。	これまでの学習で，私たちは人間として尊重され，人権が認められ生きていけることを学んだ。また，人間はそれぞれ意思をもつので時に対立することも学んだ。対立が起きたときには，いろいろな立場の人がいることを考え，効率と公正の観点から物事を捉え，地域紛争や戦争を起こすのではなく話し合いで解決することが大切だ。 　地域紛争や戦争を起こすのは一部の人間のやることだが，ヒトラーの言葉にあるようにわかりやすい言葉で一つのスローガンを繰り返しいわれて思考力を奪われてしまうと，その暴走を止めることができない。そうさせないために，この1年，それまであまり関心がなかった現代社会のことを，授業を通して関心をもって考えることができたように，これからもいろいろな視点から物事を考え判断することが大切だと思った。

評価（判断）の理由

・ヒトラーの言葉にある，宣伝の反復によって思考力を失わせようとするねらいを正しく理解したうえで自分の考えを述べていれば，B評価とする。

・B評価に加えて，現代社会の見方・考え方である効率と公正の観点，メディアリテラシーなど，これまで学んできた内容や，省察しているような記述がみられればA評価とする。

・生徒が主体的に自分や自分の周り，今の日本や世界の状況を見渡したうえで，地域紛争や戦争のない世界を実現するために自分ができることは何か，という問いの主旨に沿ったことが記述できているものについては，おおむねA評価とするのも妥当である。

Cの学習状況に対する指導・支援の手だて

・C評価になる記述は，資料にあるヒトラーの言葉の意味が理解できないケースが相当する。

・それぞれの生徒が記述したことを，スモールグループ内で共有する場面をつくり，他者の意見に触れさせることで支援を行う。

・ヒトラーの言葉に関して，歴史的分野で学習した，日本が戦争に突き進んだ時代とその時代の資料に記載されている内容，例えば多様性を認めない治安維持法にみられる共通点などに触れることで理解できるようにする。

・授業者として，この資料を受けて，生徒に考えさせたい事例や，授業実施時期に起こった社会的事象からの解説は学習改善に効果的な手だてとなる。

よりよい社会を目指して

単元の学習課題　これまで学習してきたことをもとに，課題を探究する活動を通して，自分たちが生きていく社会を持続可能なものとして形成するために，何ができるかを考えよう

学習前の生徒の状態と先生の願い

多様性の尊重とか SDGs という言葉をよく聞くけど，自分に関係あるのかな。多様性を認めない人はひどいなぁ。

生徒には，卒業後も持続可能な社会の形成をめざす一員として，世の中にある情報を学習したことに照らし合わせ，考えていく力を養ってもらいたい。

単元の特徴

　グレタ・トゥーンベリ氏が問題提起した言葉である「あなたは私たちの未来を盗んでいる」は重く響く。本単元では，多くの教員が中学生の時代には存在しなかったか，大きく捉えられていなかったが，日本がカーボンニュートラルの実現をめざしている 2050 年にはまだ現役世代である現在の中学生が，持続可能な社会の形成に関心をもち，主体的に社会にかかわろうとする契機とすることをねらいとする。

評価のポイントとなる2場面と指導の手だて

　本単元の授業では，よりよい社会を築いていくために解決すべき課題を，学習の成果を表現するレポート作成および発表を通して，多面的・多角的に考察，構想し，説明，論述する。授業内に評価問題を含むことが単元の趣旨に合わないため，レポートに対する評価場面（第2次）およびテスト問題において，多様性の尊重について自分の考えをまとめる問い（場面1），および，環境問題への日独2国間の特徴を読み取って説明する問い（場面2）を設定し，自分たちが生きていく社会を持続可能な社会として形成するために，何ができるかを考えることができるよう支援し，見取る。

　レポートに加えて，テスト問題を通して評価場面を設定するのは，授業で扱った内容を再びテストで生徒に出題することにより評価の妥当性を高めるだけではなく，本単元の中で多様性の尊重およびSDGsがよりよい社会づくりをめざすうえで，生徒にとって重要なテーマであると考えられるからである。

指導と評価の計画

次	学習の流れ （◎）学習内容　（・）学習活動	おもな評価規準 ●：学習改善につなげる評価 ○：評定に用いる評価
1	◎持続可能な社会の形成者として ・社会的な見方・考え方を働かせ、「持続可能な社会の形成者として」「持続可能な社会を実現する」等、使用している教科書が記載している観点もしくは授業者が設定した観点からレポートを作成するための構想を行う。 ・レポート作成に網羅すべき事項をノートに整理する。 ・これまで学習に用いてきた分析方法を使用し、レポートの中身を深める。 ・持続可能な社会を実現するための解決すべき社会の課題を確認し、自分たちにできることを考え、記述する。	知● 持続可能な社会を実現するための解決すべき社会の課題にはどのようなものがあるか確認し、レポート作成の計画を立てている。 思● 持続可能な社会を形成する観点から、社会的な見方・考え方を働かせ、総合的な学習の時間や他教科の学習成果も含めた形で、課題を見いだしている。
2	◎課題設置、資料収集、考察、レポート作成 ・教科書の記載内容、または、授業者が独自に作成した資料をもとに、レポートを作成する。	知● 資料を収集するなかで、設定した課題に応じて、持続可能な社会の形成者として必要な内容を理解している。 思○ 持続可能な社会の形成に向けて、多面的・多角的に考察、構想し、自分の考えを述べている。 主○ 持続可能な社会を形成することに向けて、解決すべき課題に関する自分の考えをまとめようとしている。
3	◎社会科の授業を終えるにあたって互いの発表から学び合う ・他の生徒のレポートを通して、表現内容や、まとめ方を整理する。 ・教科書終末ページの文章、授業者の話等をもとに、義務教育を終え、主体的に社会にかかわるとはどういうことか記述する。	知● 他の生徒がまとめたレポートから持続可能な社会の形成に向けて理解している。 思● 他の生徒がまとめたレポートをもとに持続可能な社会の形成について考察している。 主● 持続可能な社会を形成することに向けて、課題の解決を視野に主体的に社会にかかわろうとしている。
テスト	・多様性の尊重に着目して、持続可能な社会の形成および阻害する要因に関する考えを記述する。【評価場面❶】 ・資料に記載されている情報とその背景をもとに、持続可能な社会を実現していくための論点について考察し、記述する。【評価場面❷】	思○ 持続可能な社会をつくり、よりよい国際社会をめざすうえで多様性の尊重が必要であること、および阻害されないためにはどうすべきかを考察し、表現している。 思○ 資料に記載されている数値のみならず、分類方法が異なる背景から、「持続可能な社会」を実現していくための論点を考察し、表現している。

評価場面❶（テスト）
多様性の尊重に着目して，持続可能な社会の形成および阻害する要因に関する考えを記述する

おもな学習活動と授業づくりのポイント

　授業では，公民的分野で学習してきたことを振り返りつつ，グローバル化が進む現代においては持続可能な社会形成のために，多文化，多様性の尊重が進みつつあり，今後，より必要となることを事例をあげながら確認していく。宗教の違いに基づく文化や社会の多様性，民族の多様性，外国人労働者の増加など，それぞれの学校や生徒の実態に応じた具体例を使って理解できるよう支援を行う。人の多様性，性の多様性については，高等学校での学習内容を含むと思われるが，過去・現在にみられる種々の変化を組み込むことも有効である。例えば，技術・家庭科共習，男女別名簿から男女混合名簿への移行，女子の制服にスラックスが導入されつつある傾向，制服の見直しや廃止等の事例を挟みつつ授業を展開することも可能である。これらの例は，男女別で取り扱われていたことが今や不思議に思えるようになったことに触れて，多文化主義，多様性の尊重にまつわって現在焦点となっていることや，今では気づくことができていないことが将来は当たり前のことになっている可能性があることにも言及する。

　また，取り上げるトピックは，新たなトピックに限らず，これまでの授業で取り上げたものに再度触れることも，本単元が3年間を総括する単元であることから意義深い。

　最後には，人はそれぞれ考え方や，趣味，好きになるものが共通する場合もあれば異なる場合もあるといった解説を行って授業を終え，定期考査で次の問題を出題する。

評価規準と評価課題

知識・技能	思考・判断・表現	主体的に学習に取り組む態度
	○　持続可能な社会をつくり，よりよい国際社会をめざすうえで多様性の尊重が必要であること，および阻害されないためにはどうすべきかを考察し，表現している。	
評価課題の例			

　社会科の授業も残りわずか，中学校で学習した地理的分野，歴史的分野，公民的分野の学習を踏まえて次の問いに答えましょう。

　2001年にUNESCO（国連教育科学文化機関）で採択された「文化の多様性に関する世界宣言」では，文化の多様性を「人類共通の遺産」と位置づけている。このことについて，次の問いに答えなさい。
　①文化の多様性とは何か，具体例をあげて説明しなさい。
　②文化の多様性をはじめとする，多様性の尊重は民主主義の実現や社会の発展に欠かせないものとされていますが，いっぽうでは文化の多様性を阻害する動きもあります。多様性の尊重を阻害するものとは何でしょうか。これまでの社会科の授業で学習したことや日ごろ感じていることをもとに説明しなさい。

評価事例

Bと評価する例	Aと評価する例
① ・三大宗教やその他の宗教では義務とされていることや大切とされていることが異なる。 ・地理的要因によって，収穫される作物が異なる。	① ・三大宗教やその他の宗教では義務とされていることや大切とされていることが異なり，そこから生まれる文化も異なるために多様性がみられる。 ・地理的要因によって，収穫される作物が異なるため，食文化に多様性がみられる。
② ・差別や偏見に基づいた発言や行動によって多様性の尊重を阻んでいる様子がみられる。	② ・ヨーロッパ諸国ははじめアジアの珍しい産物や文化に興味をもったが，やがて，それらを力づくで手に入れようとして帝国主義の動きをとった。そこでは軍事力で劣るこれらの国を植民地化し，人として対等に接することをせず，その地域の文化を蔑み破壊し認めなかった。 ・2001年にアメリカ同時多発テロが起きたときに，その首謀者がイスラム過激派に属していたため，イスラム教を危険な宗教であると考え，同様にイスラム教徒に対して多様性を認めない動きがみられた。

評価（判断）の理由

・生徒はこれまでの学習をもとに答えとして最もふさわしいと考えた内容を書いてくると思われるため，事実が正しく記述されているものをB評価とする。

・本単元が3年間を総括する単元であることから，これまでの学習事項，または，授業で取り上げた内容ではなくても，具体例をあげて説明できている記述をA評価とする。

・①に関しては，具体例が文化の多様性を生みだすことまで記述できているかどうかで説明としての成立の有無が分かれるため，A・B評価を分けている。

Cの学習状況に対する指導・支援の手だて

・多様性の尊重が民主主義の実現や社会の発展に欠かせないものとされていることに考えが及ばず，記述ができない場合にC評価となることが考えられる。

・考査返却時に，正答例や，社会でみられる多様性への動きについて，ユニバーサルデザイン，制服におけるズボン・スカートの選択制，ハラルメニューの拡がり等，目の前の生徒にとって適当であると思われる事例を取り上げて解説することで支援を行う。

・多様性の尊重が着目されているのは，偏見や差別，ステレオタイプ化された思考が，世の中に溢れることで辛い思いをしている人がいることに加え，多様性の尊重が，基本的人権の尊重，民主主義の実現，社会の発展，異質な集団が意見を交わすことによる課題解決策への到達につながるからであることに触れる。目の前に辛い思いをしている生徒がいる可能性があることを想定しながら話すことは，社会科の授業の側面だけでなく，真の意味での支援の手だてに相当する。

評価場面❷（テスト）
資料に記載されている情報とその背景をもとに，持続可能な社会を実現していくための論点について考察し，記述する

おもな学習活動と授業づくりのポイント

　2020年7月に始まったレジ袋の有料化は，私たちの生活の中で環境問題に対する取り組みが一歩進んだことを表すとともに，プラスチックごみの削減が喫緊の課題であることを世の中に知らしめた。これは2015年9月に開催された「国連持続可能な開発サミット」において国連加盟国193カ国が，2030年までに達成されるべき目標として，「持続可能な開発目標（SDGs）」を含む行動目標に合意したことに因んでいる。日本でもSDGsが注目され，公民的分野の教科書には，ESD（持続可能な開発のための教育）の内容が含まれるようになり，日常生活でもレジ袋を持つことへの違和感からマイバッグを持つ生徒もみられるようになった。最も手に取ることの多いプラスチック製品であるペットボトルに関しては，耐熱性・耐薬品性があり，強度に優れ，かつ，液体とガスに対して高いバリア性（においなどを遮断する特性）があるために，近年，大量に使用されるようになったが，分別収集が進み，地球環境を守る義務を果たしているようにも認識されている。

　授業では，日本のプラスチックごみの有効利用率86％（2020年）のうち，最も多いのが，焼却などによって熱処理し，そのエネルギーを利用するサーマルリサイクルであることを説明する。だが，国際社会ではそれをリサイクルとは認められていないため，リデュースによる脱プラスチックや，リユースおよび2022年4月のプラスチック資源循環促進法施行にみられる循環型経済への動きがみられることに触れる。そのうえで，考査では，次の問題を出題することで持続可能な社会を実現していくための論点について考察できているかを見取る。

評価規準と評価課題

知識・技能	思考・判断・表現	主体的に学習に取り組む態度
	○　資料に記載されている数値のみならず，分類方法が異なる背景から，「持続可能な社会」を実現していくための論点を考察し，表現している。	

評価課題の例

次の資料から，分類項目に着目し，両国を比較して分かることを説明しなさい。

資料　ドイツと日本のプラスチックリサイクル率　（単位：%）

ドイツ（2020年）		日本（2020年）		
リサイクル	42	リサイクル	24	⎫ 有効利用　86
エネルギー回収	57	エネルギー回収（サーマルリサイクル）	63	⎭
埋め立て	1	単純焼却	8	⎫ 未利用　14
		埋め立て	6	⎭

四捨五入による数値の不一致が一部存在する

出所）ドイツ　「Plastics – the Facts 2022」
　　　日本　　「プラスチックの基礎知識2022」

評価事例

Bと評価する例	Aと評価する例
プラスチックを焼却炉で燃やす際に発生する熱を発電や温水などに再利用するエネルギー回収について，日本ではサーマルリサイクルと表記されているが，ドイツにはその表記がみられない。 　何にも利用されずに焼却(単純焼却)されたり，埋め立てられているプラスチックの割合は，日本14％に対し，ドイツは1％である。ここから，ドイツではほぼすべてのプラスチックが有効利用されているといえる。	プラスチックを焼却炉で燃やす際に発生する熱を発電や温水などに再利用するエネルギー回収について，日本ではサーマルリサイクルと表記されているが，ドイツにはその表記がみられない。ドイツのエネルギー回収にサーマルリサイクルの表記がないのは，ドイツを含むヨーロッパをはじめとする国際社会では，エネルギー回収をリサイクルとは認めていないからである。つまり，国際社会の基準に当てはめると日本はプラスチックのわずか4分の1しかリサイクルできていないこととなる。 　何にも利用されずに焼却(単純焼却)されたり，埋め立てられているプラスチックの割合は，日本14％に対し，ドイツはわずか1％である。このことを仮に日本の分類方法で表すと利用率99％となり，ドイツでは，ほぼすべてのプラスチックを無駄にしていないといえる。

評価（判断）の理由

・B評価に相当する解答例では，数値を読み取り，そこからの考察を記述している。

・A評価に相当する解答例では，数値とそこからの考察に加えて，授業で学習した日本とドイツを含むヨーロッパや国際社会でのリサイクルの概念が異なることが，資料における分類の仕方の違いに表れていることを見抜いた記述がみられる。

・日本の項目で「有効利用」「未利用」での分類，表記がない状態での出題もできるが，難易度が高くなってしまうので，本事例では表記している。

Cの学習状況に対する指導・支援の手だて

・「ドイツは日本よりもプラスチックリサイクル率が高く，埋め立ても少ない」のように分類項目の違いに触れていない回答をC評価とする。

・指導・支援の手だてとして，日本が焼却の項目をサーマルリサイクル（エネルギー回収）と単純焼却に分類している意味合いを，エネルギー回収できている部分をリサイクル，または，有効に利用していると位置づけていることを理解させる。その後，ドイツでは焼却の項目が一つしかなく，サーマルリサイクルの表記がみられないのは，プラスチックを焼却炉で燃やす際に発生する熱を発電や温水などに再利用することをリサイクルとは位置づけていないことを理解させる。

・両者で分類が異なる変則的な資料を用いた問いとなっているが，ヨーロッパではサーマルリサイクルの概念は存在しておらず，サーマルリカバリーと位置づけしているため，分類項目が異なっている。項目が異なりリサイクルの概念が異なるため，日本の政策が国際的に評価されていない理由として指摘されることがある。このような状況により，環境省の見解もヨーロッパに近づく様子がみられるといった情報を生徒に伝えることも，生徒の関心を高める手だてとなるだろう。

内容のまとまりごとの評価規準（例）
地理的分野
国立教育政策研究所 (2019)より

1　地理的分野の目標と評価の観点及びその趣旨

目標（1）	目標（2）	目標（3）
我が国の国土及び世界の諸地域に関して，地域の諸事象や地域的特色を理解するとともに，調査や諸資料から地理に関する様々な情報を効果的に調べまとめる技能を身に付けるようにする。	地理に関わる事象の意味や意義，特色や相互の関連を，位置や分布，場所，人間と自然環境との相互依存関係，空間的相互依存作用，地域などに着目して，多面的・多角的に考察したり，地理的な課題の解決に向けて公正に選択・判断したりする力，思考・判断したことを説明したり，それらを基に議論したりする力を養う。	日本や世界の地域に関わる諸事象について，よりよい社会の実現を視野にそこで見られる課題を主体的に追究，解決しようとする態度を養うとともに，多面的・多角的な考察や深い理解を通して涵養される我が国の国土に対する愛情，世界の諸地域の多様な生活文化を尊重しようとすることの大切さについての自覚などを深める。

知識・技能	思考・判断・表現	主体的に学習に取り組む態度
我が国の国土及び世界の諸地域に関して，地域の諸事象や地域的特色を理解しているとともに，調査や諸資料から地理に関する様々な情報を効果的に調べまとめている。	地理に関わる事象の意味や意義，特色や相互の関連を，位置や分布，場所，人間と自然環境との相互依存関係，空間的相互依存作用，地域などに着目して，多面的・多角的に考察したり，地理的な課題の解決に向けて公正に選択・判断したり，思考・判断したことを説明したり，それらを基に議論したりしている。	日本や世界の地域に関わる諸事象について，国家及び社会の担い手として，よりよい社会の実現を視野にそこで見られる課題を主体的に追究，解決しようとしている。

2　内容のまとまりごとの評価規準（例）

A　世界と日本の地域構成　(1)地域構成

知識・技能	思考・判断・表現	主体的に学習に取り組む態度
・緯度と経度，大陸と海洋の分布，主な国々の名称と位置などを基に，世界の地域構成を大観し理解している。 ・我が国の国土の位置，世界各地との時差，領域の範囲や変化とその特色などを基に，日本の地域構成を大観し理解している。	・世界の地域構成の特色を，大陸と海洋の分布や主な国の位置，緯度や経度などに着目して多面的・多角的に考察し，表現している。 ・日本の地域構成の特色を，周辺の海洋の広がりや国土を構成する島々の位置などに着目して多面的・多角的に考察し，表現している。	・世界と日本の地域構成について，よりよい社会の実現を視野にそこで見られる課題を主体的に追究しようとしている。

B　世界の様々な地域　(1)世界各地の人々の生活と環境

知識・技能	思考・判断・表現	主体的に学習に取り組む態度
・人々の生活は，その生活が営まれる場所の自然及び社会的条件から影響を受けたり，その場所の自然及び社会的条件に影響を与えたりすることを理解している。 ・世界各地における人々の生活やその変容を基に，世界の人々の生活や環境の多様性を理解している。その際，世界の主な宗教の分布についても理解している。	・世界各地における人々の生活の特色やその変容の理由を，その生活が営まれる場所の自然及び社会的条件などに着目して多面的・多角的に考察し，表現している。	・世界各地の人々の生活と環境について，よりよい社会の実現を視野にそこで見られる課題を主体的に追究しようとしている。

B　世界の様々な地域　(2)世界の諸地域

知識・技能	思考・判断・表現	主体的に学習に取り組む態度
・世界各地で顕在化している地球的課題は，それが見られる地域の地域的特色の影響を受けて，現れ方が異なることを理解している。 ・①から⑥までの世界の各州に暮らす人々の生活を基に，各州の地域的特色を大観し理解している。	・①から⑥までの世界の各州において，地域で見られる地球的課題の要因や影響を，州という地域の広がりや地域内の結び付きなどに着目して，それらの地域的特色と関連付けて多面的・多角的に考察し，表現している。	・世界の諸地域について，よりよい社会の実現を視野にそこで見られる課題を主体的に追究しようとしている。

C　日本の様々な地域　(1)地域調査の手法

知識・技能	思考・判断・表現	主体的に学習に取り組む態度
・観察や野外調査，文献調査を行う際の視点や方法，地理的なまとめ方の基礎を理解している。 ・地形図や主題図の読図，目的や用途に適した地図の作成などの地理的技能を身に付けている。	・地域調査において，対象となる場所の特徴などに着目して，適切な主題や調査，まとめとなるように，調査の手法やその結果を多面的・多角的に考察し，表現している。	・地域調査の手法について，よりよい社会の実現を視野にそこで見られる課題を主体的に追究しようとしている。

C　日本の様々な地域　(2)日本の地域的特色と地域区分

知識・技能	思考・判断・表現	主体的に学習に取り組む態度
・日本の地形や気候の特色，海洋に囲まれた日本の国土の特色，自然災害と防災への取組などを基に，日本の自然環境に関する特色を理解している。 ・少子高齢化の課題，国内の人口分布や過疎・過密問題などを基に，日本の人口に関する特色を理解している。 ・日本の資源・エネルギー利用の現状，国内の産業の動向，環境やエネルギーに関する課題などを基に，日本の資源・エネルギーと産業に関する特色を理解している。 ・国内や日本と世界との交通・通信網の整備状況，これを活用した陸上，海上輸送などの物流や人の往来などを基に，国内各地の結び付きや日本と世界との結び付きの特色を理解している。 ・①から④までの項目に基づく地域区分を踏まえ，我が国の国土の特色を大観し理解している。 ・日本や国内地域に関する各種の主題図や資料を基に，地域区分をする技能を身に付けている。	・①から④までの項目について，それぞれの地域区分を，地域の共通点や差異，分布などに着目して，多面的・多角的に考察し，表現している。 ・日本の地域的特色を，①から④までの項目に基づく地域区分などに着目して，それらを関連付けて多面的・多角的に考察し，表現している。	・日本の地域的特色と地域区分について，よりよい社会の実現を視野にそこで見られる課題を主体的に追究しようとしている。

C　日本の様々な地域　(3)日本の諸地域

知識・技能	思考・判断・表現	主体的に学習に取り組む態度
・幾つかに区分した日本のそれぞれの地域について，その地域的特色や地域の課題を理解している。 ・①から⑤までの考察の仕方で取り上げた特色ある事象と，それに関連する他の事象や，そこで生ずる課題を理解している。	・日本の諸地域において，それぞれ①から⑤までで扱う中核となる事象の成立条件を，地域の広がりや地域内の結び付き，人々の対応などに着目して，他の事象やそこで生ずる課題と有機的に関連付けて多面的・多角的に考察し，表現している。	・日本の諸地域について，よりよい社会の実現を視野にそこで見られる課題を主体的に追究しようとしている。

C　日本の様々な地域　(4)地域の在り方

知識・技能	思考・判断・表現	主体的に学習に取り組む態度
・地域の実態や課題解決のための取組を理解している。 ・地域的な課題の解決に向けて考察，構想したことを適切に説明，議論しまとめる手法について理解している。	・地域の在り方を，地域の結び付きや地域の変容，持続可能性などに着目し，そこで見られる地理的な課題について多面的・多角的に考察，構想し，表現している。	・地域の在り方について，よりよい社会の実現を視野にそこで見られる課題を主体的に追究，解決しようとしている。

歴史的分野

1 歴史的分野の目標と評価の観点及びその趣旨

目標（1）	目標（2）	目標（3）
我が国の歴史の大きな流れを，世界の歴史を背景に，各時代の特色を踏まえて理解するとともに，諸資料から歴史に関する様々な情報を効果的に調べまとめる技能を身に付けるようにする。	歴史に関わる事象の意味や意義，伝統と文化の特色などを，時期や年代，推移，比較，相互の関連や現在とのつながりなどに着目して多面的・多角的に考察したり，歴史に見られる課題を把握し複数の立場や意見を踏まえて公正に選択・判断したりする力，思考・判断したことを説明したり，それらを基に議論したりする力を養う。	歴史に関わる諸事象について，よりよい社会の実現を視野にそこで見られる課題を主体的に追究，解決しようとする態度を養うとともに，多面的・多角的な考察や深い理解を通して涵養される我が国の歴史に対する愛情，国民としての自覚，国家及び社会並びに文化の発展や人々の生活の向上に尽くした歴史上の人物と現在に伝わる文化遺産を尊重しようとすることの大切さについての自覚などを深め，国際協調の精神を養う。
知識・技能	思考・判断・表現	主体的に学習に取り組む態度
我が国の歴史の大きな流れを，世界の歴史を背景に，各時代の特色を踏まえて理解しているとともに，諸資料から歴史に関する様々な情報を効果的に調べまとめている。	歴史に関わる事象の意味や意義，伝統と文化の特色などを，時期や年代，推移，比較，相互の関連や現在とのつながりなどに着目して多面的・多角的に考察したり，歴史に見られる課題を把握し複数の立場や意見を踏まえて公正に選択・判断したり，思考・判断したことを説明したり，それらを基に議論したりしている。	歴史に関わる諸事象について，国家及び社会の担い手として，よりよい社会の実現を視野にそこで見られる課題を主体的に追究，解決しようとしている。

2 内容のまとまりごとの評価規準（例）

A 歴史との対話 (1)私たちと歴史

知識・技能	思考・判断・表現	主体的に学習に取り組む態度
・年代の表し方や時代区分の意味や意義についての基本的な内容を理解している。 ・資料から歴史に関わる情報を読み取ったり，年表などにまとめたりする技能を身に付けている。	・時期や年代，推移，現在の私たちとのつながりなどに着目して，小学校での学習を踏まえて歴史上の人物や文化財，出来事などから適切なものを取り上げ，時代区分との関わりなどについて考察し表現している。	・私たちと歴史について，よりよい社会の実現を視野にそこで見られる課題を主体的に追究しようとしている。

A 歴史との対話 (2)身近な地域の歴史

知識・技能	思考・判断・表現	主体的に学習に取り組む態度
・具体的な事柄との関わりの中で，地域の歴史について調べたり，収集した情報を年表などにまとめたりするなどの技能を身に付けている。	・比較や関連，時代的な背景や地域的な環境，歴史と私たちとのつながりなどに着目して，地域に残る文化財や諸資料を活用して，身近な地域の歴史的な特徴を多面的・多角的に考察し，表現している。	・自らが生活する地域や受け継がれてきた伝統や文化への関心をもって，身近な地域の歴史について，よりよい社会の実現を視野にそこで見られる課題を主体的に追究しようとしている。

B 近世までの日本とアジア (1)古代までの日本

知識・技能	思考・判断・表現	主体的に学習に取り組む態度
・世界の古代文明や宗教のおこりを基に，世界の各地で文明が築かれたことを理解している。 ・日本列島における農耕の広まりと生活の変化や当時の人々の信仰，大和朝廷（大和政権）による統一の様子と東アジアとの関わりなどを基に，東アジアの文明の影響を受けながら我が国で国家が形成されていったことを理解している。	・古代文明や宗教が起こった場所や環境，農耕の広まりや生産技術の発展，東アジアとの接触や交流と政治や文化の変化などに着目して，事象を相互に関連付けるなどして，アの（ア）から（エ）までについて古代の社会の変化の様子を多面的・多角的に考察し，表現している。 ・古代までの日本を大観して，時代の特色を多面的・多角的に考察し，表現している。	・古代までの日本について，よりよい社会の実現を視野にそこに見られる課題を主体的に追究しようとしている。

・律令国家の確立に至るまでの過程，摂関政治などを基に，東アジアの文物や制度を積極的に取り入れながら国家の仕組みが整えられ，その後，天皇や貴族による政治が展開したことを理解している。 ・仏教の伝来とその影響，仮名文字の成立などを基に，国際的な要素をもった文化が栄え，それらを基礎としながら文化の国風化が進んだことを理解している。		

B 近世までの日本とアジア （2)中世の日本

知識・技能	思考・判断・表現	主体的に学習に取り組む態度
・鎌倉幕府の成立，元寇（モンゴル帝国の襲来）などを基に，武士が台頭して主従の結び付きや武力を背景とした武家政権が成立し，その支配が広まったこと，元寇がユーラシアの変化の中で起こったことを理解している。 ・南北朝の争乱と室町幕府，日明貿易，琉球の国際的な役割などを基に，武家政治の展開とともに，東アジア世界との密接な関わりが見られたことを理解している。 ・農業など諸産業の発達，畿内を中心とした都市や農村における自治的な仕組みの成立，武士や民衆などの多様な文化の形成，応仁の乱後の社会的な変動などを基に，民衆の成長を背景とした社会や文化が生まれたことを理解している。	・武士の政治への進出と展開，東アジアにおける交流，農業や商工業の発達などに着目して，事象を相互に関連付けるなどして，アの（ア）から（ウ）までについて中世の社会の変化の様子を多面的・多角的に考察し，表現している。 ・中世の日本を大観して，時代の特色を多面的・多角的に考察し，表現している。	・中世の日本について，よりよい社会の実現を視野にそこで見られる課題を主体的に追究しようとしている。

B 近世までの日本とアジア （3)近世の日本

知識・技能	思考・判断・表現	主体的に学習に取り組む態度
・ヨーロッパ人来航の背景とその影響，織田・豊臣による統一事業とその当時の対外関係，武将や豪商などの生活文化の展開などを基に，近世社会の基礎がつくられたことを理解している。 ・江戸幕府の成立と大名統制，身分制と農村の様子，鎖国などの幕府の対外政策と対外関係などを基に，幕府と藩による支配が確立したことを理解している。 ・産業や交通の発達，教育の普及と文化の広がりなどを基に，町人文化が都市を中心に形成されたことや，各地方の生活文化が生まれたことを理解している。 ・社会の変動や欧米諸国の接近，幕府の政治改革，新しい学問・思想の動きなどを基に，幕府の政治が次第に行き詰まりをみせたことを理解している。	・交易の広がりとその影響，統一政権の諸政策の目的，産業の発達と文化の担い手の変化，社会の変化と幕府の政策の変化などに着目して，事象を相互に関連付けるなどして，アの（ア）から（エ）までについて近世の社会の変化の様子を多面的・多角的に考察し，表現している。 ・近世の日本を大観して，時代の特色を多面的・多角的に考察し，表現している。	・近世の日本について，よりよい社会の実現を視野にそこで見られる課題を主体的に追究しようとしている。

C 近現代の日本と世界 （1)近代の日本と世界

知識・技能	思考・判断・表現	主体的に学習に取り組む態度
・欧米諸国における産業革命や市民革命，アジア諸国の動きなどを基に，欧米諸国が近代社会を成立させてアジアへ進出したことを理解している。 ・開国とその影響，富国強兵・殖産興業政策，文明開化の風潮などを基に，明治維新によって近代国家の基礎が整えられて，人々の生活が大きく変化したことを理解している。	・工業化の進展と政治や社会の変化，明治政府の諸改革の目的，議会政治や外交の展開，近代化がもたらした文化への影響，経済の変化の政治への影響，戦争に向かう時期の社会や生活の変化，世界の動きと我が国との関連などに着目して，事象を相互に関連付けるなどして，アの（ア）から（カ）までについて近代の社会の変化の様子を多面的・多角的に考察し，表現している。	・近代の日本と世界について，よりよい社会の実現を視野にそこで見られる課題を主体的に追究しようとしている。

知識・技能	思考・判断・表現	主体的に学習に取り組む態度
・自由民権運動，大日本帝国憲法の制定，日清・日露戦争，条約改正などを基に，立憲制の国家が成立して議会政治が始まるとともに，我が国の国際的な地位が向上したことを理解している。 ・我が国の産業革命，この時期の国民生活の変化，学問・教育・科学・芸術の発展などを基に，我が国で近代産業が発展し，近代文化が形成されたことを理解している。 ・第一次世界大戦の背景とその影響，民族運動の高まりと国際協調の動き，我が国の国民の政治的自覚の高まりと文化の大衆化などを基に，第一次世界大戦前後の国際情勢及び我が国の動きと，大戦後に国際平和への努力がなされたことを理解している。 ・経済の世界的な混乱と社会問題の発生，昭和初期から第二次世界大戦の終結までの我が国の政治・外交の動き，中国などアジア諸国との関係，欧米諸国の動き，戦時下の国民の生活などを基に，軍部の台頭から戦争までの経過と，大戦が人類全体に惨禍を及ぼしたことを理解している。	・近代の日本と世界を大観して，時代の特色を多面的・多角的に考察し，表現している。	

C　近現代の日本と世界　(2)現代の日本と世界

知識・技能	思考・判断・表現	主体的に学習に取り組む態度
・冷戦，我が国の民主化と再建の過程，国際社会への復帰などを基に，第二次世界大戦後の諸改革の特色や世界の動きの中で新しい日本の建設が進められたことを理解している。 ・高度経済成長，国際社会との関わり，冷戦の終結などを基に，我が国の経済や科学技術の発展によって国民の生活が向上し，国際社会において我が国の役割が大きくなってきたことを理解している。	・諸改革の展開と国際社会の変化，政治の展開と国民生活の変化などに着目して，事象を相互に関連付けるなどして，アの（ア）及び（イ）について現代の社会の変化の様子を多面的・多角的に考察し，表現している。 ・現代の日本と世界を大観して，時代の特色を多面的・多角的に考察し，表現している。 ・これまでの学習を踏まえ，歴史と私たちとのつながり，現在と未来の日本や世界の在り方について，課題意識をもって多面的・多角的に考察，構想し，表現している。	・現代の日本と世界について，よりよい社会の実現を視野にそこで見られる課題を主体的に追究，解決しようとしている。

公民的分野

1　公民的分野の目標と評価の観点及びその趣旨

目標（1）	目標（2）	目標（3）
個人の尊厳と人権の尊重の意義，特に自由・権利と責任・義務との関係を広い視野から正しく認識し，民主主義，民主政治の意義，国民の生活の向上と経済活動との関わり，現代の社会生活及び国際関係などについて，個人と社会との関わりを中心に理解を深めるとともに，諸資料から現代の社会的事象に関する情報を効果的に調べまとめる技能を身に付けるようにする。	社会的事象の意味や意義，特色や相互の関連を現代の社会生活と関連付けて多面的・多角的に考察したり，現代社会に見られる課題について公正に判断したりする力，思考・判断したことを説明したり，それらを基に議論したりする力を養う。	現代の社会的事象について，現代社会に見られる課題の解決を視野に主体的に社会に関わろうとする態度を養うとともに，多面的・多角的な考察や深い理解を通して涵養される，国民主権を担う公民として，自国を愛し，その平和と繁栄を図ることや，各国が相互に主権を尊重し，各国民が協力し合うことの大切さについての自覚などを深める。

知識・技能	思考・判断・表現	主体的に学習に取り組む態度
個人の尊厳と人権の尊重の意義，特に自由・権利と責任・義務との関係を広い視野から正しく認識し，民主主義，民主政治の意義，国民の生活の向上と経済活動との関わり，現代の社会生活及び国際関係などについて，個人と社会との関わりを中心に理解を深めているとともに，諸資料から現代の社会的事象に関する情報を効果的に調べまとめている。	社会的事象の意味や意義，特色や相互の関連を現代の社会生活と関連付けて多面的・多角的に考察したり，現代社会に見られる課題について公正に判断したり，思考・判断したことを説明したり，それらを基に議論したりしている。	現代の社会的事象について，国家及び社会の担い手として，現代社会に見られる課題の解決を視野に主体的に社会に関わろうとしている。

2　内容のまとまりごとの評価規準（例）

A　私たちと現代社会　(1)私たちが生きる現代社会と文化の特色

知識・技能	思考・判断・表現	主体的に学習に取り組む態度
・現代日本の特色として少子高齢化，情報化，グローバル化などが見られることについて理解している。 ・現代社会における文化の意義や影響について理解している。	・位置や空間的な広がり，推移や変化などに着目して，少子高齢化，情報化，グローバル化などが現在と将来の政治，経済，国際関係に与える影響について多面的・多角的に考察し，表現している。 ・位置や空間的な広がり，推移や変化などに着目して，文化の継承と創造の意義について多面的・多角的に考察し，表現している。	・私たちが生きる現代社会と文化の特色について，現代社会に見られる課題の解決を視野に主体的に社会に関わろうとしている。

A　私たちと現代社会　(2)現代社会を捉える枠組み

知識・技能	思考・判断・表現	主体的に学習に取り組む態度
・現代社会の見方・考え方の基礎となる枠組みとして，対立と合意，効率と公正などについて理解している。 ・人間は本来社会的な存在であることを基に，個人の尊厳と両性の本質的平等，契約の重要性やそれを守ることの意義及び個人の責任について理解している。	・対立と合意，効率と公正などに着目して，社会生活における物事の決定の仕方，契約を通した個人と社会との関係，きまりの役割について多面的・多角的に考察し，表現している。	・現代社会を捉える枠組みについて，現代社会に見られる課題の解決を視野に主体的に社会に関わろうとしている。

B　私たちと経済　(1)市場の働きと経済

知識・技能	思考・判断・表現	主体的に学習に取り組む態度
・身近な消費生活を中心に経済活動の意義について理解している。 ・市場経済の基本的な考え方について理解している。その際，市場における価格の決まり方や資源の配分について理解している。 ・現代の生産や金融などの仕組みや働きを理解している。 ・勤労の権利と義務，労働組合の意義及び労働基準法の精神について理解している。	・対立と合意，効率と公正，分業と交換，希少性などに着目して，個人や企業の経済活動における役割と責任について多面的・多角的に考察し，表現している。 ・対立と合意，効率と公正，分業と交換，希少性などに着目して，社会生活における職業の意義と役割及び雇用と労働条件の改善について多面的・多角的に考察し，表現している。	・市場の働きと経済について，現代社会に見られる課題の解決を視野に主体的社会に関わろうとしている。

B　私たちと経済　(2)国民生活と政府の役割

知識・技能	思考・判断・表現	主体的に学習に取り組む態度
・社会資本の整備，公害の防止など環境の保全，少子高齢社会における社会保障の充実・安定化，消費者の保護について，それらの意義を理解している。 ・財政及び租税の意義，国民の納税の義務について理解している。	・対立と合意，効率と公正，分業と交換，希少性などに着目して，市場の働きに委ねることが難しい諸問題に関して，国や地方公共団体が果たす役割について多面的・多角的に考察，構想し，表現している。 ・対立と合意，効率と公正，分業と交換，希少性などに着目して，財政及び租税の役割について多面的・多角的に考察し，表現している。	・国民の生活と政府の役割について，現代社会に見られる課題の解決を視野に主体的に社会に関わろうとしている。

C　私たちと政治　(1)人間の尊重と日本国憲法の基本的原則

知識・技能	思考・判断・表現	主体的に学習に取り組む態度
・人間の尊重についての考え方を，基本的人権を中心に深め，法の意義を理解している。 ・民主的な社会生活を営むためには，法に基づく政治が大切であることを理解している。 ・日本国憲法が基本的人権の尊重，国民主権及び平和主義を基本原則としていることについて理解している。 ・日本国及び日本国民統合の象徴としての天皇の地位と天皇の国事に関する行為について理解している。	・対立と合意，効率と公正，個人の尊重と法の支配，民主主義などに着目して，我が国の政治が日本国憲法に基づいて行われていることの意義について多面的・多角的に考察し，表現している。	・人間の尊重についての考え方や日本国憲法の基本的原則などについて，現代社会に見られる課題の解決を視野に主体的に社会に関わろうとしている。

C　私たちと政治　(2)民主政治と政治参加

知識・技能	思考・判断・表現	主体的に学習に取り組む態度
・国会を中心とする我が国の民主政治の仕組みのあらましや政党の役割を理解している。 ・議会制民主主義の意義，多数決の原理とその運用の在り方について理解している。 ・国民の権利を守り，社会の秩序を維持するために，法に基づく公正な裁判の保障があることについて理解している。 ・地方自治の基本的な考え方について理解している。その際，地方公共団体の政治の仕組み，住民の権利や義務について理解している。	・対立と合意，効率と公正，個人の尊重と法の支配，民主主義などに着目して，民主政治の推進と，公正な世論の形成や選挙など国民の政治参加との関連について多面的・多角的に考察，構想し，表現している。	・民主政治と政治参加について，現代社会に見られる課題の解決を視野に主体的に社会に関わろうとしている。

D　私たちと国際社会の諸課題　(1)世界平和と人類の福祉の増大

知識・技能	思考・判断・表現	主体的に学習に取り組む態度
・世界平和の実現と人類の福祉の増大のためには，国際協調の観点から，国家間の相互の主権の尊重と協力，各国民の相互理解と協力及び国際連合をはじめとする国際機構などの役割が大切であることを理解している。その際，領土（領海，領空を含む。），国家主権，国際連合の働きなど基本的な事項について理解している。 ・地球環境，資源・エネルギー，貧困などの課題の解決のために経済的，技術的な協力などが大切であることを理解している。	・対立と合意，効率と公正，協調，持続可能性などに着目して，日本国憲法の平和主義を基に，我が国の安全と防衛，国際貢献を含む国際社会における我が国の役割について多面的・多角的に考察，構想し，表現している。	・世界平和と人類の福祉の増大について，現代社会に見られる課題の解決を視野に主体的に社会に関わろうとしている。

D　私たちと国際社会の諸課題　(2)よりよい社会を目指して

知識・技能	思考・判断・表現	主体的に学習に取り組む態度
	・社会的な見方・考え方を働かせ，私たちがよりよい社会を築いていくために解決すべき課題を多面的・多角的に考察，構想し，自分の考えを説明，論述している。	・私たちがよりよい社会を築いていくために解決すべき課題について，現代社会に見られる課題の解決を視野に主体的に社会に関わろうとしている。

引用・参考文献

第1章

・Anderson, L. W. & Krathwohl, D. R. eds.（2001）. A Taxonomy for Learning, Teaching, and Assessing: A Revision of Bloom's Taxonomy of Educational Objectives, Addison Wesley Longman.
・石井英真（2012）. 学力向上. 篠原清昭編著. 学校改善マネジメント. ミネルヴァ書房.
・石井英真（2015）. 今求められる学力と学びとは. 日本標準.
・石井英真（2019）. 新指導要録の提起する学習評価改革. 石井英真・西岡加名恵・田中耕治編著. 小学校指導要録改訂のポイント. 日本標準.
・石井英真（2020a）. 再増補版・現代アメリカにおける学力形成論の展開. 東信堂.
・石井英真（2020b）. 授業づくりの深め方. ミネルヴァ書房.
・石井英真（2023）. 中学校・高等学校 授業が変わる 学習評価深化論. 図書文化.
・石井英真・鈴木秀幸編著（2021）. ヤマ場をおさえる学習評価・中学校. 図書文化.
・Erickson, H. L.（2008）. Stirring the head, Heart, and Soul, 3rd Ed., Corwin Press. p31.
・西岡加名恵編著（2008）.「逆向き設計」でたしかな学力を保障する. 明治図書出版.
・McTighe, J. & Wiggins, G.（2004）. Understanding by Design: Professional Development Workbook, ASCD. p65.
・Marzano, R. J.（1992）. A Different Kind of Classroom: Teaching with Dimensions of Learning, ASCD. p16.
・文部科学省中央教育審議会初等中等教育分科会教育課程部会（2019）. 学習評価の在り方について（報告）（平成31年1月21日）.

第2章

・中央教育審議会（2016）. 幼稚園，小学校，中学校，高等学校及び特別支援学校の学習指導要領等の改善及び必要な方策等について（答申）.
・神戸大学附属中等教育学校（2017）. 高等学校地理歴史科地理基礎歴史基礎実施報告書（vol. 4）.
・文部科学省（2018a）. 中学校学習指導要領（平成29年告示）.
・文部科学省（2018b）. 中学校学習指導要領（平成29年告示）解説社会編.
・文部科学省（2019a）. 高等学校学習指導要領（平成30年告示）.
・文部科学省（2019b）. 高等学校学習指導要領（平成30年告示）解説地理歴史編.
・文部科学省初等中等教育分科会教育課程部会（2019）. 児童生徒の学習評価の在り方について（報告）.
・文部科学省初等中等教育局長（2019）. 小学校，中学校，高等学校及び特別支援学校等における児童生徒の学習評価及び指導要録の改善等について（通知）.
・国立教育政策研究所教育課程センター（2020）.「指導と評価の一体化」のための学習評価に関する参考資料 中学校 社会.

第3章

・Arad Mojtahedi（2007）. https://commons.wikimedia.org/wiki/File:Arge_Bam_Arad_edit.jpg?uselang=ja. 最終閲覧日2023年1月3日.
・JICA国際協力事業団森林・自然環境協力部（2001）. アフリカ 自然環境保全協力調査研究報告書. https://openjicareport.jica.go.jp/619/619/619_400_11668423.html. 最終閲覧日2023年1月3日.
・二宮書店編集部編集（2000）. 地理統計要覧2000. 二宮書店.
・農林水産省（2022a）. 生産農業所得統計（令和2年）. https://www.maff .go.jp/j/tokei/kouhyou/nougyou_sansyutu/. 最終閲覧日2023年1月3日.
・農林水産省（2022b）. 知ってる？日本の食料事情2022. https://www.maff.go.jp/j/zyukyu/zikyu_ritu/attach/pdf/panfu1-12.pdf. 最終閲覧日2023年1月3日.
・鹿児島地方気象台HP. https://www.data.jma.go.jp/kagoshima/obs/tenkou/TenkouKaisetsuHeinenGaiseatsu_S-Kyushu.html. 最終閲覧日2023年1月3日.

第4章

・国立国会図書館デジタルコレクション. 一遍聖繪［7］. https://dl.ndl.go.jp/pid/2591579. 最終閲覧日2022年12月30日.

・平和博物館を創る会編集（1990）. 紙の戦争・伝単——謀略宣伝ビラは語る. エミール社.

・川北稔・桃木至朗監修（2022）. 最新世界史図説 タペストリー 二十訂版. 帝国書院.

・吉川利治（2019）. 泰緬鉄道——機密文書が明かすアジア太平洋戦争. 雄山閣.

・文部科学省. 学校系統図. https://www.mext.go.jp/b_menu/hakusho/html/others/detail/1318188.htm. 最終閲覧日2022年12月30日.

・OLIPHANT © 1989 ANDREWS MCMEEL SYNDICATION. Reprinted with permission. Allrights reserved.

・大阪大学 平成13年度一般選抜前期日程（文学部）. 地理歴史問題（世界史問題Ⅳ）. 平成13年2月25日実施.

第5章

・国際オリンピック委員会HP. https://olympics.com/ioc/2016-host-city-election. 最終閲覧日2023年1月5日.

・日本学術会議哲学委員会哲学・倫理・宗教教育分科会（2020）. 道徳科において「考え，議論する」教育を推進するために. https://kansai.p4c-japan.com/wp-content/uploads/2020/10/2020-06_doutokuka_scj.pdf. 最終閲覧日2023年1月5日.

・全席優先座席，復活切に願う. 朝日新聞 大阪本社版. 2007年11月17日掲載.

・国税庁. 令和3年分民間給与実態統計調査. https://www.nta.go.jp/publication/statistics/kokuzeicho/minkan2021/pdf/002.pdf. 最終閲覧日2023年1月5日.

・OECD. より良い暮らし指標. https://www.oecd.org/tokyo/statistics/aboutbli.htm. 最終閲覧日2023年1月5日.

・OECD. 日本の幸福度. https://www.oecd.org/statistics/Better-Life-Initiative-country-note-Japan-in-Japanese.pdf）. 最終閲覧日2023年1月5日.

・総務省. 決算カード. https://www.soumu.go.jp/iken/zaisei/card.html. 最終閲覧日2023年1月5日.

・大阪市HP. 大阪市普通会計決算. https://www.city.osaka.lg.jp/zaisei/page/0000261397.html. 最終閲覧日2023年1月5日.

・茨木市HP. 茨木市普通会計決算. https://www.city.ibaraki.osaka.jp/kikou/kikaku/zaisei/menu/kessan/futsu_kessan.html. 最終閲覧日2023年1月5日.

・公益社団法人アムネスティ・インターナショナル日本.「子ども兵士」を知っていますか？. https://www.amnesty.or.jp/human-rights/topic/att/child_soldier.html#. 最終閲覧日2023年1月6日.

・ジョン・ウー，スパイク・リー，ジョーダン・スコット，リドリー・スコット，カティア・ルンド監督（2008）. それでも生きる子供たちへ（DVD）. ギャガ・コミュニケーションズ.

・アドルフ・ヒトラー著，平野一郎・将積茂訳（1973）. わが闘争（上）. KADOKAWA.

・Plastics Europe. Plastics – the Facts 2022. https://plasticseurope.org/knowledge-hub/plastics-the-facts-2022/. 最終閲覧日2023年1月6日.

・一般社団法人 プラスチック循環利用協会. プラスチックリサイクルの基礎知識2022. https://pwmi.or.jp/data.php?p=panf. 最終閲覧日2023年1月6日.

・環境省HP. 小泉大臣記者会見録. https://www.env.go.jp/annai/kaiken/r3/0129.html?msclkid=868de4bbcecb11ecbb610697d365b315. 最終閲覧日2023年1月6日.

附録

・文部科学省国立教育政策研究所教育課程研究センター（2019）.「指導と評価の一体化」のための学習評価に関する参考資料【中学校 社会】. pp.105-118.

あとがき

　本書は新学習指導要領における評価プランを提案したものです。神戸大学附属中等教育学校（以下，本校）社会科がここ10年ほど取り組んできた研究の成果をもとにまとめたものであり，掲載されているすべての単元が生徒主体の構成となっています。

　授業の冒頭の5分間を生徒にゆだねる「リーダー学習」や，協同学習の理論を踏まえた「小集団学習」による生徒の学び合いなど，本校では生徒主体の学びが実践されています。昭和40年代の校内授業研究会の記録には「教師よ，教壇から降りよ」との言葉も残っているそうです。これまで多くの教員が入れ替わり，「中学校」が「中等教育学校」となりましたが，生徒主体の学びは本校の文化として継承されてきました。本校では経験年数が長い教員も短い教員も，生徒主体の学びを具現化しようと努めてきました。なぜ，生徒主体の学びが継続されてきたのでしょうか。それは，生徒主体の学びによって，生徒は成長し，教員はその生徒の成長を実感できるからです。生徒はゆだねられることで，主体的に学びを深め，教員はゆだねることで，より生徒の状況を客観的に見取り，形成的に支援することができます。

　いっぽうで，生徒主体の学びをどのように評価するかは長い間の課題でした。新学習指導要領の学習評価は，「知識・技能」「思考・判断・表現」「主体的に学習に取り組む態度」の3観点となりました。この「技能」「表現」「態度」はすべて生徒の活動です。また評価規準に示された「理解している」「多面的・多角的に考察し，表現している」「追究しようとしている」の主語は，もちろん生徒です。ここで，知識や思考・判断などの生徒の頭の中の学習過程を目に見える学習活動として捉え，評価できるようになりました。

　本書は，本校社会科の上村幸教諭，矢景裕子教諭，辻常路教諭による評価プランを示したものですが，これまで公開授業等で多くの先生方からいただいたご助言を反映したものであるといえます。全国の中学校の先生方にとって，生徒が主体となる学びの実践に少しでもお役に立てればと思います。

　最後に，本書を執筆することで本校社会科の研究はさらに充実したものとなりました。このような機会を提供していただいた図書文化社に感謝申し上げます。そして，本書の企画から刊行に至るまでの長きにわたって，あたたかく，丁寧にご支援をいただいた担当の佐藤達朗氏，柴田好葉氏に心より感謝申し上げます。

2022年12月25日

高木　優

執筆者一覧

（原稿順，所属は2022年12月26日時点）

石井　英真　いしい・てるまさ　　　　　第1章（10〜22頁）
編者　京都大学大学院教育学研究科准教授

高木　　優　たかぎ・すぐる　　　　　　第2章（24〜41頁）
編者　神戸大学附属中等教育学校教諭

辻　　常路　つじ・じょうじ　　　　　　第3章（44〜85頁）
神戸大学附属中等教育学校教諭

矢景　裕子　やかげ・ゆうこ　　　　　　第4章（88〜129頁）
神戸大学附属中等教育学校教諭

上村　　幸　うえむら・みゆき　　　　　第5章（132〜179頁）
神戸大学附属中等教育学校教諭

全体編集　石井　英真　いしい・てるまさ

　京都大学大学院教育学研究科准教授。博士（教育学）。専門は教育方法学。学校で育成すべき学力のモデル化を研究し，授業研究を軸にした学校改革に取り組んでいる。日本教育方法学会理事，日本カリキュラム学会理事，文部科学省「中央教育審議会教育課程部会」「児童生徒の学習評価に関するワーキンググループ」委員などを務める。主著に『未来の学校　ポスト・コロナの公教育のリデザイン』（日本標準，2020年），『再増補版・現代アメリカにおける学力形成論の展開』（東信堂，2020年），『授業づくりの深め方：「よい授業」をデザインするための５つのツボ』（ミネルヴァ書房，2020年），『高等学校　真正の学び，授業の深み』（編著，学事出版，2022年），『中学校・高等学校　授業が変わる　学習評価深化論』（図書文化，2023年）ほか多数。

教科編集　高木　優　たかぎ・すぐる

　神戸大学附属中等教育学校教諭。文部科学省中等教育審議会専門委員（初等中等教育分科会）。文部科学省学習指導要領等の改善に係る検討に必要な専門的作業等協力者。国立教育政策研究所評価規準，評価方法等の工夫改善に関する調査研究の協力者など歴任。平成25年度から令和３年度まで文部科学省から研究開発学校の指定を受け，研究開発主任として地埋歴史科を再編成して「地理総合」「歴史総合」を設置し，学習内容と学習方法，学習評価についての研究開発を担当した。その成果が必履修科目「地理総合」の新設に貢献したことにより，2016年度日本地理学会賞（地理教育部門）受賞。著書に『「地理総合」ではじまる地理教育』（分担執筆，古今書院，2018年），『高等学校　真正の学び，授業の深み』（分担執筆，学事出版，2022年）など。

ヤマ場をおさえる
単元設計と評価課題・評価問題 中学校社会

2023年３月10日　初版第１刷発行　［検印省略］

全体編集	石井英真
教科編集	高木　優
発 行 人	則岡秀卓
発 行 所	株式会社　図書文化社
	〒112-0012　東京都文京区大塚1-4-15
	Tel：03-3943-2511　Fax：03-3943-2519
	http://www.toshobunka.co.jp/
本文デザイン・装幀	スタジオダンク
イ ラ ス ト	松永えりか
組版・印刷	株式会社 Sun Fuerza
製　　　本	株式会社 村上製本所

ⓒ ISHII Terumasa & TAKAGI Suguru, 2023　Printed in Japan
ISBN 978-4-8100-3772-2 C3337

学習評価の本

(中学校・高等学校)
授業が変わる
学習評価 深化論

観点別評価で学力を伸ばす「学びの舞台づくり」

石井英真 (京都大学大学院教育学研究科准教授)

A5判, 並製 160頁
定価 (本体1,800円＋税)

目　次

関連書籍

ヤマ場をおさえる 学習評価 小学校	石井英真・鈴木秀幸 [編著]	
ヤマ場をおさえる 学習評価 中学校	石井英真・鈴木秀幸 [編著]	
ヤマ場をおさえる 単元設計と評価課題・評価問題 中学校国語	石井英真 [全体編集]	吉本　悟 [教科編集]
ヤマ場をおさえる 単元設計と評価課題・評価問題 中学校社会	石井英真 [全体編集]	高木　優 [教科編集]
ヤマ場をおさえる 単元設計と評価課題・評価問題 中学校数学	石井英真 [全体編集]	佃　拓生 [教科編集]
ヤマ場をおさえる 単元設計と評価課題・評価問題 中学校理科	石井英真 [全体編集]	新井直志 [教科編集]
ヤマ場をおさえる 単元設計と評価課題・評価問題 中学校英語	石井英真 [全体編集]	上村慎吾 [教科編集]

図書文化